JN300178

ひとりで学べる
社会統計学

浅川達人 著

ミネルヴァ書房

ひとりで学べる社会統計学

目　次

序　章　社会関係の網を描き出せ……………………………………1

　　1　我々を取り囲む社会関係の網……………………………3
　　　　（1）　社会関係の網が破れたとき　3
　　　　（2）　コンボイ・モデル　4
　　　　（3）　弱い紐帯の大切さ　4
　　2　社会関係の網の実態を描き出し説明する………………6
　　　　（1）　平均値に差があるといえるか　6
　　　　（2）　社会調査の技法　6
　　　　（3）　社会統計学の知識　8
　　3　本書の構成…………………………………………………9

第1章　標本調査を企画しよう……………………………………13

　　1　悉皆調査と標本調査………………………………………15
　　　　（1）　悉皆調査ができない場合　15
　　　　（2）　悉皆調査と標本調査の比較　15
　　2　母集団と標本………………………………………………16
　　　　（1）　目標母集団から有効標本まで　16
　　　　（2）　有効標本から目標母集団を推測する　18
　　　　（3）　推定と検定　19
　　3　調査対象者を選び出す──標本抽出の考え方…………21
　　　　（1）　母集団の縮図をつくる　21
　　　　（2）　標本抽出の方法　21
　　　　（3）　系統抽出法　23
　　4　多段抽出と層別抽出………………………………………25
　　　　（1）　多段抽出法　25
　　　　（2）　層化抽出法　26

第2章　集団の特徴を数値で示せ…………………………………29

　　1　中心傾向の測度……………………………………………31
　　　　（1）　平均値（mean）　31

（2）中央値（median）　32
　　　（3）最頻値（mode）　32
　　2　ちらばりの測度……………………………………………………33
　　　（1）範囲（range）　33
　　　（2）分散（variance）　34
　　　（3）標準偏差（standard deviation）　35
　　3　データの種類………………………………………………………36
　　　（1）名義尺度　36
　　　（2）間隔・比率尺度　37
　　　（3）順序尺度　37

第3章　平均値の差を検定する………………………………………41
　　1　標本調査のシミュレーション……………………………………43
　　　（1）調査1回目　43
　　　（2）調査2回目　44
　　　（3）母集団について知るために　45
　　2　平均値の差を検定する……………………………………………46
　　　（1）統計的検定のしくみ　46
　　　（2）平均値の差の検定のしくみ　48

第4章　独立性を検定する……………………………………………51
　　1　「独立」とは「関連がない」ことである…………………………53
　　　（1）因果関係を説明する　53
　　　（2）因果関係が成立するための条件　54
　　　（3）独立性の検定とは　55
　　2　期待度数とは帰無仮説を前提とした値である…………………56
　　　（1）帰無仮説を立てる　56
　　　（2）期待度数　57
　　　（3）実現度数と期待度数の差を求める　58
　　3　カイ二乗値を求める………………………………………………58
　　　（1）期待度数と実現度数の差が大きくなる3つの場合　58
　　　（2）検定統計量としてのカイ二乗値　59

第5章　相関関係を検定する……………………………………… 61

1　散布図を描く………………………………………… 63
（1）散布図から2変数間の関連を読み解く　63
（2）散布図のメリットとデメリット　66

2　相関係数……………………………………………… 66
（1）正の相関関係と負の相関関係を表現する　66
（2）相関関係の強弱を表現する　68
（3）相関関係の強弱に関する判断の目安　69

3　無相関検定とはなにか……………………………… 71
（1）母集団においても相関関係が成立していると推測してよいか　71
（2）無相関検定を行う　72

第6章　確率を利用するために………………………………… 73

1　確率論の基礎………………………………………… 75
（1）確率の本質的な性質とは　75
（2）確率の計算を思い出そう　75

2　二項分布について知る……………………………… 80
（1）二項分布の式　80
（2）二項分布の具体例　81

3　正規分布について知る……………………………… 82
（1）二項分布の特殊な形が正規分布だ　82
（2）正規分布の特徴　83
（3）正規分布の応用例　84

第7章　統計的推定を行う……………………………………… 87

1　母平均の推定を行うための準備…………………… 89
（1）点推定　89
（2）区間推定　90
（3）標本平均を用いた区間推定　92

2　母平均を推定する…………………………………… 94

- （1） ギリシャ文字で表記する　94
- （2） 標準正規分布に変換する　95
- （3） 標準誤差の不偏推定値を用いて，母平均の推定を完了する　96

第8章　統計的検定を行う　99

- **1**　2群の平均値の差の検定（t検定）　101
  - （1） 母平均の推定　101
  - （2） 平均値の差の検定　102
  - （3） 2群の平均値の差の検定——t検定　104
  - （4） 確率で判断　106
- **2**　独立性の検定（カイ二乗検定）　107
  - （1） 検定統計量であるカイ二乗値を求める　107
  - （2） 帰無仮説の採否を判断する　107
- **3**　無相関検定　108
  - （1） 無相関検定を行う　108
  - （2） 無相関検定の注意点　109

第9章　ノンパラメトリック検定を行う　111

- **1**　パラメトリック検定とノンパラメトリック検定　113
- **2**　1サンプルのχ^2検定　114
- **3**　複数の独立サンプルの検定　116
- **4**　1サンプルのt検定　118

第10章　多変量解析を行う　121

- **1**　多変量解析の必要性　123
- **2**　重回帰分析　123
- **3**　分散共分散分析　127
- **4**　ロジスティック回帰分析　131

第 11 章　科学的研究の方法 ……………………………………… 135

1　具体的な世界と抽象的な世界の往還 ………………………… 137
（1）観察から経験的一般化へ　137
（2）経験的一般化から理論へ　139
（3）理論から仮説へ　139
（4）仮説から観察へ　140

2　仮説検証 ……………………………………………………… 141
（1）仮説の採否の検討　141
（2）論理的推論　141

3　知りたいことを明確にするために——仮説の立て方 ………… 142
（1）仮説は3種のコンテンツから成る　142
（2）仮説をつくる練習　143

4　わからないことを明確にするために——報告書の書き方 …… 144
（1）報告書は4種のコンテンツから成る　144
（2）方法と結果　145
（3）考察　146

終　章　標本調査の実査にむけて ……………………………… 149

1　社会調査とはどのような試みか ……………………………… 151
2　数量的分析とはどのような試みか …………………………… 151
3　社会調査に必要な発想法とはどのようなものか …………… 152

付　表　153
参考文献　161
あとがき　163
索　引　167

序　章
社会関係の網を描き出せ

①　我々を取り囲む社会関係の網

（1）社会関係の網が破れたとき

　私たちは，人間関係の網に囲まれて生活している．普段はそのことの意味と大切さを，さほど意識しないものの，ひとたびその網が破れ，そこからこぼれ落ちてしまうと，ひとりぼっちで社会という厳しい現実と向かい合わなければならなくなってしまう．

　Aさんは，5人きょうだいの末っ子として生まれた．生後しばらくして母親を亡くし，小学生の頃，父親を亡くした．きょうだいの強い絆と，親戚や近所の方々からの支援のおかげで工業高校を卒業し，会社に就職．子どもも2人生まれ，定年まで同じ会社で働くことができた．現在は，会社を定年退職し，老後を穏やかに暮らしている．

　Bさんは，2人きょうだいの末っ子として生まれた．小学生の頃，交通事故で両親と兄を失った．Bさんも重症を負ったものの，命は失わなかった．退院後，身よりもないため，児童養護施設に保護された．中学校卒業と同時に，板金工として住みこみで働く．しかし不況のあおりを受け，職を失い，同時に住む場所も失った．行き場がなく，現在はホームレスとして暮らしている．

　幼少の頃に両親を失った，AさんとBさん．両親を失った後の人生は，大きく異なっている．Aさんは人間関係の網に囲まれて生活し続けることができたものの，Bさんは残念ながらそこからこぼれ落ちてしまった．豊かな人間関係に囲まれて生活をしている私たちは，普段はそのことの意味と大切さをそれほど意識していないが，病気や災害，事故などによって突然その網が破れ，そこからこぼれ落ちてしまう可能性は，誰にでもある．

　私たちが，どのような社会関係に囲まれているのか．その社会関係の網

は，強固な網なのか，それとも脆弱な網にすぎないのか．どのような人が，強固な網に囲まれていて，脆弱な網しかもっていない人は，どのような人なのか．「社会関係の網」のありようを知ることは，やぶれた網の目からこぼれ落ちるというリスクを回避するために，必要不可欠なことなのである．

　（2）コンボイ・モデル
　社会関係の網を記述するために考えだされた方法として，コンボイ・モデルがある．コンボイというのは護送船団を意味する海軍用語である．非武装の輸送船が駆逐艦などに守られた船団を組み，港から港へ旅をするように，他者たちに守られながら，危険に満ちた人生の航路を進むのが人の一生であるという含意が込められている．
　コンボイは，個人を中心とする同心円として書き表すことができる（図序-1）．中心からの距離は親密さと重要さの度合いを表し，個人に一番近い内側の円には，全人的な付き合いをする家族や一部の親友，個人から遠いところには，職務や役割の上でだけ付き合う他者が位置する．
　内側の円に位置する他者との関係は，その人が生きている限り生涯にわたって続くのが普通であるが，外側の円にある他者との関係は，職務や役割が変われば半ば自動的に消滅する．そのため，内側の円の他者はあまり変化しないが，外側の円の他者は，職務や役割の変化に応じて入れ替わっていくのが普通である．

　（3）弱い紐帯の大切さ
　内側の円の他者を思い浮かべることは容易いものの，外側の円の他者を想起することは，意外と難しい．たとえば，親しい人の顔を思い浮かべてほしいといわれた場合は，私たちは思い浮かべることができるものの，親しくはないけれども関係をキープしておきたい人の顔を思い浮かべてほしい，などといわれた場合，困惑するだろう．しかしながら，さほど親しく

序　章　社会関係の網を描き出せ

図序-1　コンボイ・モデル
（出典）Kahn & Artonucci（1980：273）をもとに筆者作成.

ない，けれども関係をキープしておきたいような関係が，大切になってくることもあるのだ．

　たとえば，サークル活動や部活動を思い出してほしい．サークルや部という大きな集団の中に，仲良しグループ的なサブグループが複数存在する，ということはよく観察されることである．サブグループ内は，仲良し関係という，強い紐帯でそのメンバー同士が結ばれている．各々のサブグループ間に，弱いながらも何らかの紐帯が存在している間は，サークルや部という大集団は，集団としての凝集性を保つことができるが，弱い紐帯がなくなってしまうと，各々のサブグループへと分裂し，大集団が崩壊することになる．したがって，サークルや部という大きな集団を安定的に構成するためには，弱い紐帯が大切なのである．

　ところが，この弱い紐帯の実態を記述するのは，とても困難なのである．親しくはないけれど関係をキープしておきたい人の顔を思い浮かべることは，調査対象者の本人にとっても難しいのだから，それを調査で捉えよう

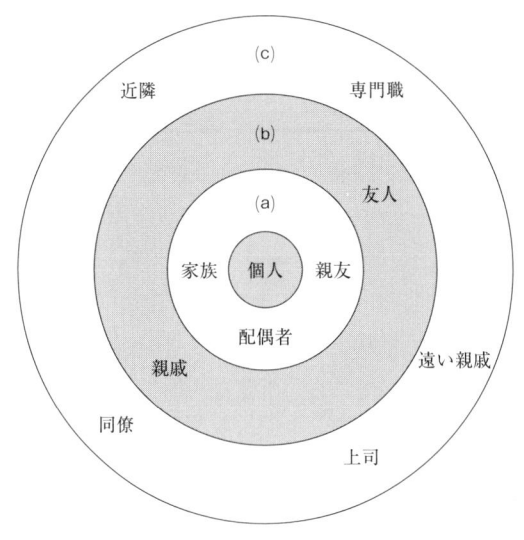

というのは，やっかいな試みといわざるを得ない．

② 社会関係の網の実態を描き出し説明する

（1）平均値に差があるといえるか
　たとえば，携帯電話のアドレス帳に電話番号とメールアドレスの両方が登録されている人を数えてもらい，その中から，重要な人物の人数を引くと，登録はされているものの重要な人物とは認識されていないであろう人の人数が得られる，と考えたとしよう．「重要な人物」をどのようにカテゴライズするかという問題は残るものの，弱い紐帯の近似値を得られる可能性がありそうだ．

　試しに，そのような方法で，友人や知人からデータを集めたとする．結果を性別ごとに集計したところ，男性の平均値は126名であったのに対して，女性の平均値は148名であったとする．この場合，女性の方が弱い紐帯をたくさん有していると考えるべきか，それとも男女間に見られる22名の差というのは誤差の範囲であり，性別によって差はないと考えるべきなのか．

　この結果から，Aさんは女性の方が多いと判断し，Bさんは性別によって差はないと判断するというように，個々人がばらばらに判断していたのでは，私たちはコミュニケーションをとることができなくなってしまう．そこで，いつ，誰が判断しても，同じ判断となるような基準が必要だということがわかるだろう．そのような基準を与えてくれるのが，社会調査の技法であり社会統計学の知識なのである．

（2）社会調査の技法
　本書では，社会で生じているさまざまな事象を捉えるための技法を「社

会調査」とよぶことにする．この場合，社会調査は，推理小説において探偵が行う技法と似ていると考えると理解しやすいだろう．

郊外のショッピングモールにおいて，窃盗事件が起こったとする．探偵Aが現場に急行すると，すでに調査を開始していた刑事Bが，容疑者としてC，D，Eという3名が挙がっていることを告げた．さて，探偵Aは犯人を特定するために，どのような推理を行うであろうか．

まずは，犯行現場であるショッピングモールにて，物的証拠を探すだろう．容疑者C，D，Eの指紋，足跡，毛髪などの残留がないか，くまなく調べる．すると，Cの指紋，Dの足跡，Eの毛髪がそれぞれ現場から発見された．そうなると，次に調べるのは，犯行に至った動機だ．3人とも，それぞれ納得できる動機が存在した．最後に調べるのは，アリバイである．犯行時刻と推定される時刻に，別の場所にいたという証言が得られたCとDは捜査線上から除外され，Eの容疑が最も強いことがわかった．

このように，探偵は「物的証拠」「動機」「アリバイ」という3種類の証拠を集めて推論を行っている．社会調査においても，同様に3種類のデータを扱って，社会で生じている事象を捉えることを試みる．数量データ，質的データ，そして数理モデルの3種類のデータである．

容疑者Cのものと思われる指紋が見つかった，という場合，現場に残されていた指紋と容疑者Cから得た指紋の一致度を測定することが必要となる．指紋の形が80％一致したなどと，数量として得ることができるタイプのデータを，数量データとよぶ．それに対して，動機のように意味の解釈を通して得ることができるタイプのデータを，質的データとよぶ．また，アリバイのように，「同一の存在が，異なる時空間に，同時に存在することはあり得ない」などのモデルを現実にあてはめることによって社会を捉える方法を，数理モデルとよぶのである．たとえば今田らは，社会学の研究方法として，数量データを用いる「統計帰納法」，質的データを用いる「意味解釈法」，そして数理モデルを用いる「数理演繹法」の3種類があることを指摘している（今田，2000）．

これら3種類の方法は，そのうちのいずれかが優れていて，いずれかが劣っているというようなものではない．探偵Aが3種類の方法のすべてを用いていたように，それらは必要に応じて，組み合わせて用いられるべきものである．したがって，数字が苦手だから質的データを扱いたいとか，解釈を積み重ねるのは面倒だから数量データを扱いたいとか，そのような方法の選択方法がナンセンスであることがわかるだろう．

　とはいえ，1冊の書物でその全てを網羅的に説明することは困難なので，本書では，数量データを用いる方法に限定して，解説を行うことにする．

（3）社会統計学の知識

　パーソナルコンピュータの性能が飛躍的によくなり，また，統計解析ソフトも有料のものから無料のものまで各種整備された今日，統計学の知識がなくても，ソフトを動かすことはできてしまう．それは，車体のメカニズムに関する詳しい知識がなくても，車を運転することはできるのと同じである．

　車体に関する知識がないままに運転している場合，ひとたび車に不具合が起きたり，故障したりした場合に，立ち行かなくなる．同様に，統計学の知識がないまま，ソフトを操作していると，誤った指示の出し方が原因で，誤った数値が返されても，それに気づくことができない．後述するが，「相関係数：$r=1.34$」などとレポートに書いてしまったとき，直ちに誤植であると気がつかなければならないのに，知識がないと気がつくことができないのである．

　したがって，社会調査を行う場合は，統計学の知識は必要不可欠なのである．本書では，図表を多用しできる限りわかりやすく，なるべく数式を使わず，社会調査に必要な社会統計学のエッセンスを伝える努力をしてみたいと思う．

③ 本書の構成

　初学者にとって社会統計学が難しく，取っ付きにくいものに感じる理由のひとつは，社会調査において社会統計学がなぜどのように必要なのか，その点を理解しないままに，学習をスタートさせてしまうことにある．社会調査がどのような試みで，社会統計学の知識が，どの段階でなぜ必要となるのか．まずは，そこから理解する必要がある．そこで本書では，第1章「標本調査を企画しよう」において，数量的な社会調査の手法である標本調査について概説することとした．ここでは，母集団と標本との関係について学び，標本から得られたデータを用いて母集団について知るために社会統計学の知識が必要となることを理解していただきたい．

　第2章「集団の特徴を数値で示せ」においては，データの種類と基本統計量について解説する．平均値，中央値，分散，標準偏差などの基本統計量が，何を示しているのか，またどのような種類のデータにおいて用いることができるのかを，きちんと整理して理解しておこう．

　第3～5章では，標本において見られた2変量間の関係が，母集団においても成り立つか否かを，その推測がどの程度（何％の確率で）正しいといえるのかの評定を含みながら行う，統計的検定の基本的なしくみについて学ぶ．社会調査において用いる統計的検定の種類は，多岐に渡り，その全てを詳細に説明することはできない．しかしながら，すべての統計的検定は①帰無仮説を立てる，②検定統計量を計算する，③判断をする，という3段階のステップを踏む．この基本的なしくみは共通であり，これさえ理解すれば，高度で複雑な検定方法についても，理解しやすくなる．第3～5章ではこれらの3段階のステップのうち，①と②について理解していただきたい．なお，本書では，「2群の平均値の差の検定（第3章）」「独

立性の検定（第4章）」「無相関検定（第5章）」の3つの検定について解説を行う．

　統計的検定の第3のステップについて理解するためには，統計学の知識――確率論の基礎と推定統計――が必要となる．確率論の基礎については，第6章「確率を利用するために」において解説する．ここでは，具体的な例題を解きながら，定理や概念について理解を深め，二項分布と正規分布という基礎的な分布について理解していただきたい．第7章「統計的推定を行う」においては，標本平均を用いて母平均を推定するという手続きについて説明する．

　第6・7章で学んだ知識を用いて，第8章「統計的検定を行う」において，いよいよ統計的検定の第3段階である「判断」について学ぶことになる．統計的検定の3つのステップを十分に理解した上で，どのような場合に，どの検定手法を用いるか，混同しないように整理して理解するようにしよう．

　第9章では，ノンパラメトリック検定の手法について説明する．ノンパラメトリック検定とは，正規分布の仮定を必要としない検定方法であるため，社会科学系の研究者や実務家が行う社会調査から得られるデータの分析に活用できるという利点がある．ここでは，代表的な統計解析ソフトであるSPSSを用いた実際の分析方法と，出力結果の解釈方法について解説する．

　第10章では，多変量解析の手法について解説する．第8・9章で説明する検定方法は，いずれも2変量間の関連を検定するものである．しかしながら，我々が目にする社会現象は，複雑な要因が相互に関連し合うことによって生じていることが多い．そのため，ひとつの従属変数に対して複数の独立変数を同時に分析に加えて，それぞれの独立変数が従属変数に対してどの程度影響をおよぼしているか分析する必要がある．そのための分析手法である多変量解析について，SPSSを用いた実際の分析方法と，出力結果の解釈方法について解説する．

第 11 章「科学的研究の方法」では，自分が知りたいと思うことを「知る」ための方法論について解説する．自分の興味関心を明確にして，それを調べるためにどのようにすればよいか，理解していただきたい．このように，第 1 章から順を追って説明をしているので，第 1 章から順番に学習することををお薦めしたい．

第1章
標本調査を企画しよう

―●本章のねらい●―

　数量データを扱う社会調査には，悉皆調査と標本調査とがある．双方の長所と短所を正しく理解し，精度の高い社会調査を行うために，何が必要なのかを知ろう．また，母集団と標本との関係について学び，標本から得られたデータを用いて母集団について知るということが，どのようなことなのかを学ぼう．

キーワード

悉皆調査，標本調査，母集団，標本，統計的推測

①　悉皆調査と標本調査

（1）悉皆調査ができない場合

　社会調査には，調べたい対象者の全てに調査を行う悉皆調査と，調査対象者を選び出して調査を行う標本調査とがある．国勢調査は悉皆調査の代表例であり，5年に一度（大調査は10年に一度），日本で暮らす全ての人を対象として調査を行う．社会調査のテキストを見ると，そのような悉皆調査の方法については触れられないままに標本調査についての解説が掲載されているケースが多い．そのために初学者の方は，対象者のすべてからデータを集める悉皆調査の方が正確に調査を行えるような気がしてしまうかもしれない．しかしながら，必ずしもそうとは言い切れない．まずは，その辺りの説明から行おう．

　まず，考えなければならないのは，悉皆調査が行えない場合があるということである．たとえばどのような場合か．工業製品の出荷前の品質調査を考えてみればよい．製品内部の品質を確認するために，製品を破壊する必要がある場合，全ての製品を破壊していたら，出荷できる製品がなくなってしまう．このような場合は，適切な方法で，検査の対象となる製品を抽出し，それを破壊して品質を確認するという方法，つまりは標本調査をとらざるを得ないことがわかるだろう．

（2）悉皆調査と標本調査の比較

　では，そういう特殊な場合を除けば，可能な限り悉皆調査をすべきなのであろうか．これも，単純にそう考える訳にはいかないのである．回答者の数が増えれば増えるほど，回答者の人為的なミスも増大する．地下鉄に乗車して音楽を聴くときのように，大量の音の中から必要な音だけを聞き

分けるのは，難しいのである．また，回答者の数が増えるということは，必要となる調査員の数も増えることになるが，良質で均質な調査員を確保することが難しくなっていく．少数精鋭の調査員に調査を実査してもらうことにより，調査の精度を高くすることが期待できる．

　したがって，適切な方法を用いて標本調査を行うなら，標本調査は悉皆調査よりも精度を高くすることもできる．しかしながら，適切な方法を用いるという前提条件が崩れると，きわめて精度の低い調査となってしまう危険性が高いので，注意が必要である．

② 母集団と標本

（1）目標母集団から有効標本まで

　適切な方法を用いて標本調査を行うとは，どういうことか．順を追って説明しよう．まずは，標本調査を企画することから，説明をスタートしたい．

　「あなたが70歳になったときのことを，想像してみてください．どのような生活を送っていると想像しますか？」と問われたらどのように答えるであろうか．「寂しい暮らしをしていないとよいのだが……」と考えた方も少なくないだろう．我々がそのような不安を感じるのは，孤独な高齢者，高齢期になると人は孤独になりがちである，という思い込みがあるからである．現在高齢期を迎えている人びとが，孤独な暮らしをしているのか否か．それを調査してみることにする．

　高齢期を迎えた人びとといっても，大都市に暮らす高齢者と農村で暮らす高齢者では，高齢者を取り巻く社会関係が異なっているであろうことは，想像に難くない．そこで，大都市で暮らす高齢者を研究対象とすることにしたとする．この場合，大都市で暮らす高齢者が「目標母集団」となる．

「大都市で暮らす高齢者」といっても，まだまだ，曖昧である．「大都市」なるものを定義して，調査対象地を選定しなければなならない．たとえば，東京大都市圏を調査対象地とした場合，東京大都市圏に暮らす高齢者が「調査母集団」となる．

調査母集団全員の社会関係について知りたいところではあるが，悉皆調査は，前述した通り困難である．そこで，調査母集団から調査対象者を選び出すこと，すなわち「標本抽出（sampling）」が必要となる．こうして得られた標本を，「計画標本」とよぶ．

この計画標本を対象者として，調査を行うことになる．計画標本のすべてからデータが得られればよいが，実際には，調査に協力していただけないことも少なくない．実際にデータを得ることができた標本を，「有効標本」とよぶ．これまで説明した母集団および標本についてまとめたのが，図1-1である．

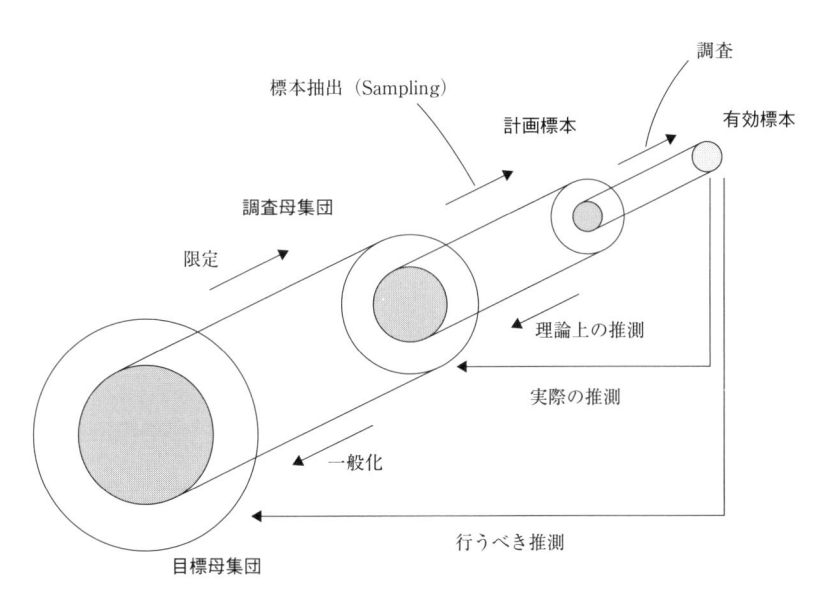

図1-1　母集団と標本の関係

（出典）原純輔・海野道郎（2004：34）.

我々が標本調査を通して得ることができるデータは，このように「有効標本」のデータのみである．この「有効標本」から得られたデータを使って，どのようにして，目標母集団の社会関係のありようを探ればよいのだろうか．

（2）有効標本から目標母集団を推測する
　標本抽出が適切な方法でなされたならば，計画標本から得られたデータから，調査母集団について精度の高い推測を行うことができる．推測には，統計学の知識と手法を用いるので，この推測を，統計的推測とよぶ．標本抽出の適切な方法については，次節で説明する．

　本章で強調しておきたいのは，計画標本から得たデータからは，調査母集団について精度の高い推測を行うことができる，という点である．前述した通り，計画標本のすべてからデータを得ることは，一般的にはできず，我々がデータを得ることができるのは「有効標本」であった．ということは，「計画標本」から得たデータを用いて推測を行わなければならないところを，「有効標本」から得たデータで代替せざるを得ないということを意味するのである．

　したがって，有効標本と計画標本にずれがないか，つまり有効標本に偏りがないかを，慎重に見極めながら，推測を行わなければならないことになる．また，できる限り有効標本と計画標本が一致していることが望ましいので，回収率を上げる努力をしなければならないことになる．このことを，しっかり理解しておくことが大切なのである．

　ここまでの説明で，調査母集団について推測することができることがわかった．しかしながら，研究の目的は，目標母集団について知ることであり，調査母集団と目標母集団をつなぐ何かが必要であることがわかる．この点については，統計学の知識では埋めることができない．社会学や法学，政治学，経済学などの社会科学の知識を用いて，調査母集団について得られた知見を一般化して，目標母集団について説明するしかない．統計学の

知識がなければ，統計的に推測を行うことはできないが，統計学の知識だけでは目標母集団について知ることはできないのである．標本調査の難しさは，用いるべき知識の種類の多様性にもあるといえよう（表1-1）．

表1-1　標本調査に必要な知識の種類

統 計 的 推 測……統計学
限定・一般化……社会学，法学，政治学，経済学など

（3）推定と検定

　統計的な推測には，統計的推定と統計的検定の2種類がある．統計的推定とは，母集団における平均値や標準偏差などを推定する方法である．一方，統計的検定とは，複数の変数の間に関連があるか否かを確かめる方法である．「平均値」「標準偏差」とはどのような概念なのかについては第2章において，関連の有無については第4章において説明するので，ここではイメージだけつかんでおいていただきたい．

　たとえば，大鍋で煮込んだカレーの味見をする場面を思い浮かべてほしい（図1-2）．味見用にお玉で取り分けたカレーが，標本（Sample：サンプル）であり，大鍋にあるカレーが母集団である．お玉一杯の中に含まれているジャガイモの数から，大鍋の中におよそ何個のジャガイモが含まれているかを，その推測がどの程度（何％の確率で）正しいといえるかの評定を含みながら行うのが，統計的推定である．

　味見をしてみたところ，味が薄かったとする．すると，カレーのルーをどの程度追加するとどのような味になるかを推測するだろう．「カレーのルー」の量という変数と，「カレーの味」という変数の間の関連を推測し，しかも，その推測がどの程度（何％の確率で）正しいといえるかの評定を含みながら行うのが，統計的検定である．

　このように標本調査は，適切な方法によって行うならば，統計的推定お

よび統計的検定によって，母集団について精度の高い推定を行うことができるのである．

〈母集団〉
大鍋で作るカレー

〈標本〉
味見用に取り分けたカレー

ジャガイモの数 ←──統計的推定── ジャガイモの数

「カレーのルーの量」と「味」 ←──統計的検定── これまで入れた「カレーのルーの量」と「味」　現在の

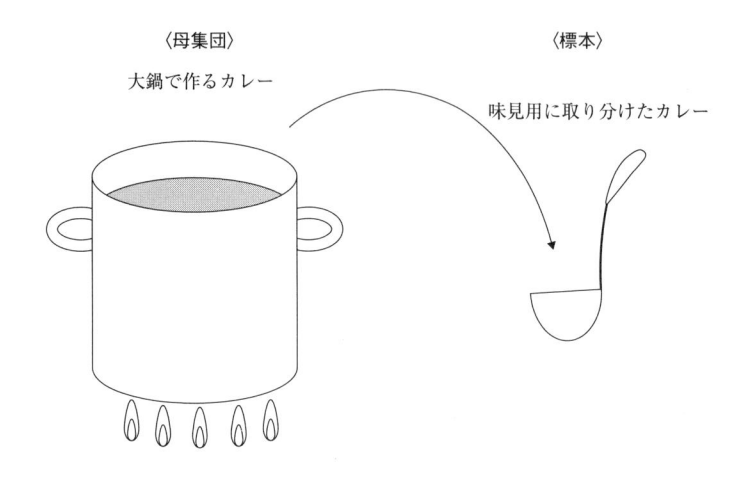

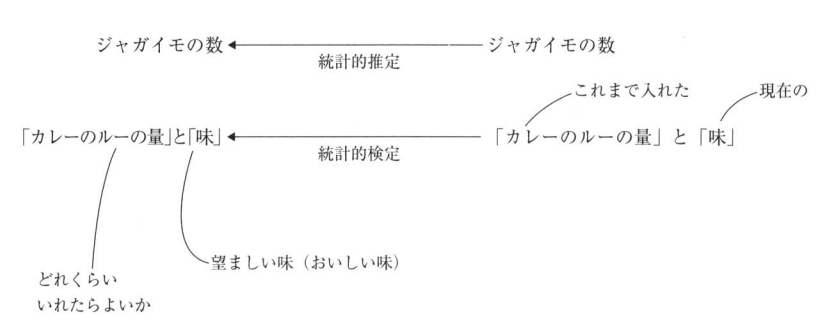

どれくらいいれたらよいか

望ましい味（おいしい味）

図1-2　統計的推測とは

③ 調査対象者を選び出す——標本抽出の考え方

（1）母集団の縮図をつくる

図1-1に示したように，調査対象者を選び出すことを標本抽出（Sampling）とよぶ．標本抽出の考え方は，「標本が母集団の縮図となる」ように抽出するという点にある．これでは，言葉が硬くて分かりづらいので，料理の例で説明しよう．

今度は，大鍋でシチューを作っているとする．我々が普段つくるような2人前とか4人前という分量ではなく，10人前を一気につくったとする．いつもと違うので慎重に味見をしようと思うが，この場合，何に気をつけて味見をすればよいだろうか．大鍋の中のシチューの味が，上の方も底の方も一定になるように，よくかき混ぜてから味見をすべきだ，ということにすぐに気づくであろう．

つまり，味見用のスプーン一杯のシチューの味が，大鍋を満たしているシチューの味と同じでなければ味見にはならないのである．図1-2と同様に，大鍋を満たしているシチューを母集団とし，味見用のスプーン一杯のシチューを標本とすると，味見用のシチュー（標本）が大鍋のシチュー（母集団）の縮図（つまり"同じ味"）となっている必要があることの意味が，わかっていただけると思う．

（2）標本抽出の方法

標本抽出の基本的な考え方がわかったところで，実際に，どのような方法があるかを説明しよう．まず考えられるのは，くじ引きである．くじ引きとは，標本として選び出される確率（抽出確率）が，母集団を構成するすべての個体に対して等しくなるように抽出するという方法であり，「無

作為抽出法」の代表的で簡便な方法である.

しかしながら,実際の社会調査の場面では,くじ引きが使えないことの方が多い.それはなぜか.くじ引きをするためには,母集団を構成する全ての個体が掲載されているリストが必要だからである.たとえば,荒川区の住民の意識調査を計画したとする.荒川区の人口は約19万人(2010年3月現在)であるから,このうちの千人を調査対象者として選び出すとすると,19万人分の名簿と19万本のくじを用意し,千本抜くという作業になる.到底,現実的な方法ではないことがわかる(図1-3).では,実際にはどのような方法で行っているか.それについては次節で紹介する.

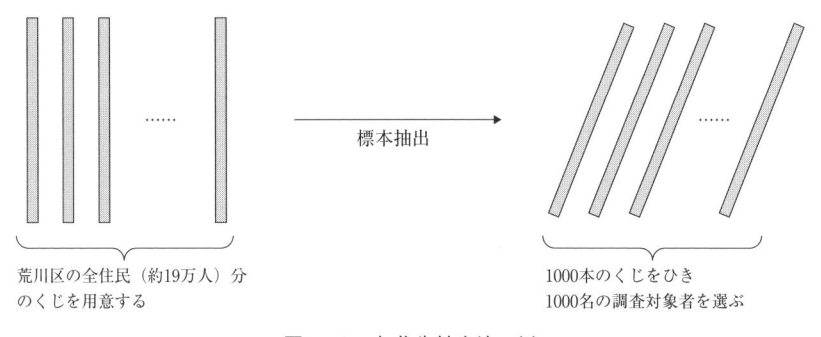

図1-3 無作為抽出法の例

次に,全個体についてのリストが得られない場合,どうすればよいかを考えてみたい.この場合,既知の構成比に比例した数の個体を選び,標本を構成する方法が考えられる.これを割当抽出法とよぶ.

たとえば,〇〇市に住む65歳以上の女性の人口数が,母集団すなわち〇〇市に住む全人口の14%であった場合,適宜標本を抽出し,抽出された全標本の14%が〇〇市に住む65歳以上の女性となったら抽出を終了するという方法が考えられる.この方法は,近年増加してきた電話調査(RDD法:Random Digit Dialing)などで採用されている.まず,対象地域の電話番号をランダムに発生させ,電話をかける.そうやって電話調査を

実施し,「全標本の 14％が○○市に住む 65 歳以上の女性」となったら,電話調査を終了する（図 1-4）.

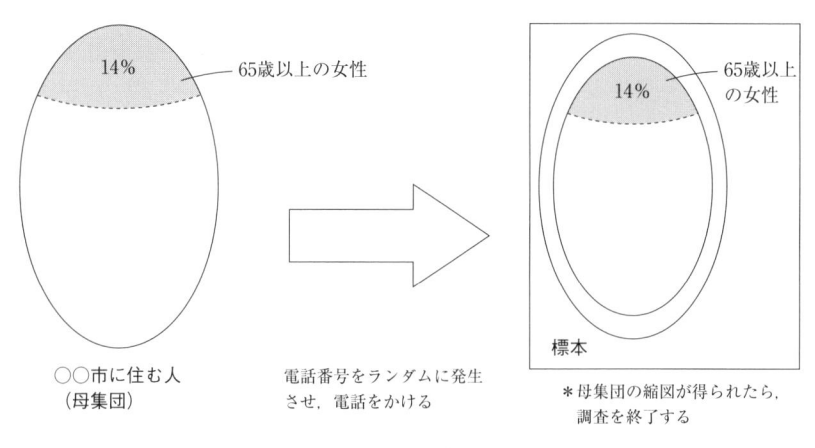

図 1-4 RDD 法による割当抽出法

こうすれば，確かに，全個体についてのリストが得られなくても，母集団の縮図を得ることができる可能性は高い．ただし，気をつけなければならないこともある．まず，基準となる「構成比」として何を選ぶべきか，慎重な検討が必要である．上記の例では性別と年齢を基準としたが，調査目的によってはむしろ，一人暮らしかそれ以外かを基準とした方がよい場合もあるかもしれない．また，標本をどのように選び出すかについても，慎重に検討する必要がある．上記の例の電話調査の場合，固定電話の番号をランダムに発生させた場合，ワンルームマンションなど固定電話を引いていない世帯は，そもそも選ばれないことになってしまうのである．

(3) 系統抽出法

もう一度，無作為抽出法に話を戻そう．無作為抽出法において，原理的に最も単純な方法は，単純無作為抽出法である．これはくじ引きのような方法により，標本として選び出される確率（抽出確率）が，母集団を構成

するすべての個体に対して等しくなるように抽出する方法である．前述した通り，母集団の規模が大きいときは，現実的な方法とはいえない．

そこで考えだされたのが，系統抽出法である．まず，パソコンなどで乱数を発生させることにより，標本抽出台帳において，抽出を開始する一人目の標本を特定する．次に，そこから一定の間隔で（等間隔で）抽出を機械的に繰り返す，という方法で行う．抽出間隔は，母集団を構成する全個体数÷標本数として求める．たとえば，2839名から200人の調査対象者を選ぶ場合，2839÷200＝14.195となり14人間隔とする（図1-5）．

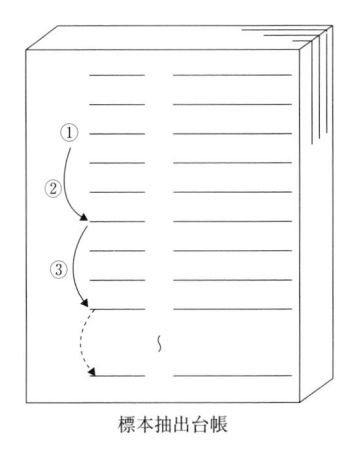

①乱数を用いて抽出を開始する1人目を選ぶ
②抽出間隔にもとづいて2人目を選ぶ
③以下同様に繰り返す

標本抽出台帳

図1-5　系統抽出法

従来，標本抽出台帳として選挙人名簿や住民基本台帳が使用されてきた．しかしながら，近年，閲覧に厳しい制限が加えられつつあり，系統抽出法が困難になってきた．そのため，住宅地図を用いたエリアサンプリングという方法や，前述したRDD法などの方法が多用されるようになってきた．

第1章　標本調査を企画しよう

④　多段抽出と層別抽出

（1）多段抽出法

　前述した系統抽出法は，母集団が小規模の場合に有効な標本抽出方法である．一方，母集団が大規模な場合，標本抽出台帳が存在しない，あるいは，調査対象者が地理的に広い範囲に分散し，標本抽出台帳をつくるために労力と費用がかさむ，といった問題を抱えることになる．たとえば，母集団を日本の有権者とし，政党支持について調査をする場合を想定してみれば，どのような困難をともなうか，容易に想像がつくと思う．

　そのような，大規模な母集団の場合にとられる標本抽出の方法が，多段抽出法である．この方法は，その名の通り，段階にわけて抽出を行う方法である．たとえば，先に挙げた，母集団を日本の有権者とし，政党支持について調査をする場合，まずは調査する市や区を抽出し，次に調査対象者である個人を抽出するというように，段階にわけて抽出を行う．個人を抽

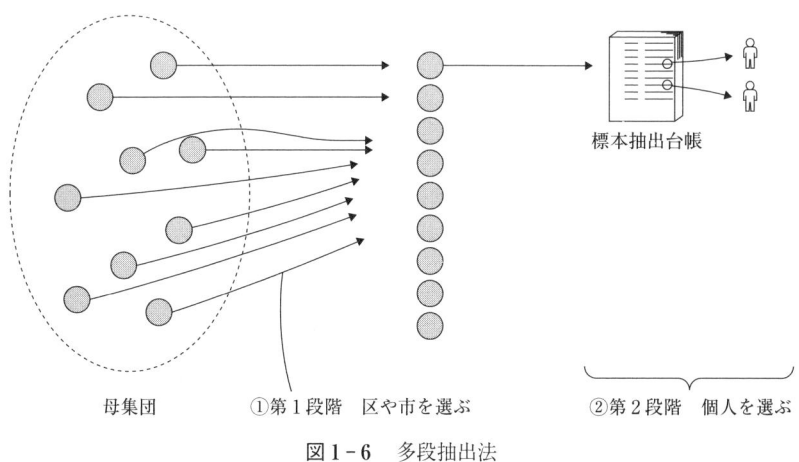

図 1-6　多段抽出法

出する最終段階は，等確率の系統抽出法で抽出を行う．それに対して，その直前の段階までは，抽出される単位の大きさに比例した抽出確率となるよう系統抽出を行う（これを，確率比例抽出法とよぶ）（図1-6）．

つまり，前述した例のように市や区を抽出する際には，人口が多い市や区は選ばれやすく，人口が少ない市や区は選ばれにくくなるように設定するのである．そうしないと，人口が多い市に暮らす人の意見は反映されにくく，人口が少ない市に暮らす人の意見が反映されやすくなってしまうからである．

（2）層化抽出法

系統抽出法などの無作為抽出法では，残念ながら，偏った標本が選ばれてしまう可能性を否定できない．本章はじめに取り上げた，大鍋のカレーから味見をする場面を想像してほしい．よくかき混ぜてからお玉一杯分をとったとしても，ジャガイモばかりが偏って入ってしまう可能性がないわけではないのである．

そのような偏りをできるだけ排除するためには，層化抽出法が用いられる．層化抽出法とは，各層の構成比に比例した数を割り当てる比例配分法であり，割当抽出法と同じ原理に基づいている．

具体的には，まず，標本抽出台帳に基づき，年代別のリストをつくる．この手続きを層化とよぶ．次に，年代の構成比に従って，各年代のリストから抽出する標本数と抽出間隔を決める．そして，各年代のリストから系統抽出法により標本を抽出するのである．こうすれば，少なくとも，年代に関しては偏りがなく，母集団の正確な縮図となる．

割当抽出法と同じ原理に基づいているだけに，同じ点に注意が必要である．すなわち，層化の基準として何を選ぶかは，慎重に議論すべきである．ここでは年代を層化することにしたが，たとえば，性別で層化した方がよいかもしれないのである（図1-7）．

このように，標本抽出の方法として，さまざまな方法が編み出されてい

第1章 標本調査を企画しよう

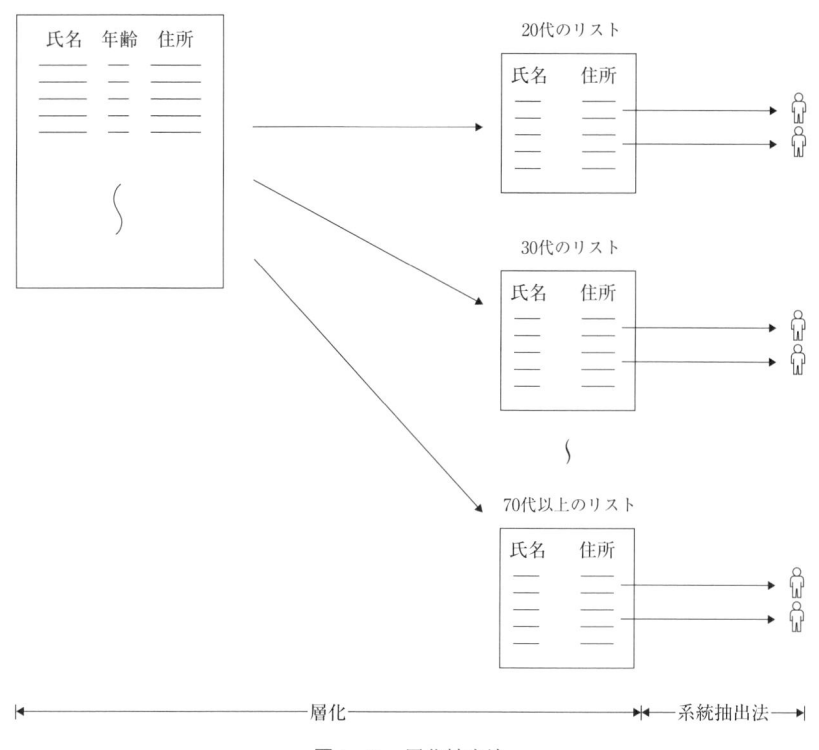

図1-7 層化抽出法

る.「母集団の縮図」を得ることを目標にしている点ではいずれも同じであるので,まずは,その点をしっかり頭に入れておくとよいであろう.

復習問題

1. 数量データを扱う社会調査には,悉皆調査と標本調査がある.調べたい対象者の全てに対して調査を行う悉皆調査が,標本調査よりも必ずしも精度の高い調査になるとは限らない.その理由について説明しなさい.
2. 有効標本から目標母集団について推測する場合,留意しなければならない点について,回収率および用いる知識という2つの観点から説明しなさい.
3. 標本抽出の基本的な考え方について,説明しなさい.
4. 層化二段階無作為抽出法とはどのような抽出方法であるか,説明しなさい.

第 2 章
集団の特徴を数値で示せ

---●本章のねらい●---

　序章で述べた通り，必要に駆られて調査が開始され，工夫を凝らしてさまざまな情報を収集することになる．調査を通して集めた雑多な情報の中に，問題を解くためのヒントが含まれているはずなのだが，情報処理の方法を知らないと，膨大な情報の海で溺れてしまうことになる．問題を解くためのヒントを見つけるためにはどうすればよいか．まずは，基本統計量から学んでみよう．

キーワード

中心傾向の測度，ちらばりの測度，名義尺度，順序尺度，間隔・比率尺度

① 中心傾向の測度

（1）平均値（mean）

　標本の特徴を数値を用いて示しなさい，と指示された場合，読者のみなさんはどのような数値を用いるだろうか．ひとつの考え方は，集団の中心がどこにあるのかを示す数値を用いるという考え方である．この数値を，中心傾向の測度とよぶ．

　中心傾向の測度として，最初に思い浮かべるのは平均値（mean）であろう．平均値とは，全てのデータを合計し，それをデータの個数（標本数）で除算した値である．簡単な例で，説明しよう．世帯収入について，Aさん，Bさん，Cさん，Dさん，Eさんの5名から，表2-1のとおりの回答を得たとする．平均値は，（300万円+400万円+800万円+350万円+300万円）／5＝430万円，として求めることができる．

表2-1　世帯収入(1)

回答者	世帯収入
Aさん	300万円
Bさん	400万円
Cさん	800万円
Dさん	350万円
Eさん	300万円

平均値：
$$\frac{300+400+800+350+300}{5} = 430 \text{（万円）}$$

　平均値が常に集団の中心を最もよく表しているとは，残念ながらいえない．上記の例に，世帯収入が3000万円であるFさんが追加して選ばれたとする．この場合，平均値は（300万円+400万円+800万円+350万円+300万円+3000万円）／6＝858.3万円となる．たったひとり，他のメンバーと著しく異なった値（これを「異常値」あるいは「外れ値」とよぶ）

をもつ人が加わっただけで，集団の中心が大きくずれてしまうことになる．このように平均値は，異常値（外れ値）の影響を強く受けるという性質を持っているのである．

（2）中央値（median）

　では，異常値の影響を受けにくい中心傾向の測度とは，どのようなものか，考えてみよう．そのひとつが中央値（median）である．中央値とはデータを小さい方から順番に並べ，ちょうど真ん中の回答者の値を採用する．表 2-1 の場合，A さん（300 万円），E さん（300 万円），D さん（350 万円），B さん（400 万円），C さん（800 万円）と並べることができるので，中央値は D さんの値，すなわち 350 万円ということになる．さらに F さん（3000 万円）が加わったとする．すると回答者数が偶数となるため，中央値は D さん（350 万円），B さん（400 万円）の平均値，すなわち（350 万円＋ 400 万円）／2＝375 万円となる．F さんという異常値が加わったとしても，中心傾向は大きくはズレておらず，集団の中心を示しているとみなすことができる．

　だからといって，平均値より中央値の方が常に優れていると，短絡的に考えてはいけない．平均値が，後述するさまざまな統計量の計算に用いられているのに対して，中央値は他の統計量との関連がない．他の統計量と組み合わせて用いる場合には，平均値を用いるべきなのである．

（3）最頻値（mode）

　中心傾向の測度として，平均値，中央値のいずれも使用できない場合がある．A さんから E さんまでの 5 名の出身地（都道府県）をまとめた表 2-2 をご覧いただきたい．

　この 5 名からなる集団の中心を，どのように求めればよいだろうか．千葉県＋東京都という演算は成り立たないので，平均値を求めることはできない．また，出身地に順序があるわけではないので，中央値を求めるこ

表2-2　出身地

回答者	出身地
Aさん	12. 千葉県
Bさん	13. 東京都
Cさん	13. 東京都
Dさん	20. 長野県
Eさん	31. 鳥取県

最頻値：
13. 東京都

とはできない．注目すべきは，東京都出身者が2名いることである．この集団の出身地としては，「13. 東京都」が最も頻出している．そこで，「13. 東京都」を最頻値（mode）とよび，中心傾向の測度とするのである．

② ちらばりの測度

（1）範囲（range）

表2-1とは別の5名について，世帯収入を尋ねた結果，表2-3が得られたとする．表2-1と同様に中心傾向の測度として平均値を求めてみると，平均値は（200万円＋400万円＋1000万円＋350万円＋200万円）／5＝430万円である．表2-1の集団と表2-3の集団は，中心傾向の測度は等しいものの，同じ特徴をもつ集団であるとみなすには無理がある．どこが異なっているのであろうか．

表2-1の集団の場合，最小値は300万円，最大値は800万円であった．一方，表2-3の集団の場合，最小値は200万円，最大値は1000万円である．つまり，表2-3の集団の方が，最小値と最大値の差が大きいという特徴を持っていることになる．このことはつまり，集団の特徴を表すためには，中心傾向の測度に加えて，データがどの程度散らばっているかを示す値が必要であることを示している．この値を，ちらばりの測度とよぶのである．最大値から最小値を引いた値は，範囲（range）とよばれる．表

表2-3　世帯収入(2)

回答者	世帯収入
Gさん	200万円
Hさん	400万円
Iさん	1000万円
Jさん	350万円
Kさん	200万円

平均値：
$$\frac{200+400+1000+350+200}{5}$$
$=430$（万円）

範囲：
$1000-200$
$=800$（万円）

2-1の範囲は，800万円-300万円=500万円，表2-3の範囲は，1000万円-200万円=800万円である．

（2）分散（variance）

　範囲（range）は，最大値と最小値のみを問題としているため，それらに挟まれて存在しているデータが，どのように散らばっているかを考慮していない値であるという点に，注意が必要である．では，全てのデータを用いて，散らばりを測定する値を考えだしてみよう．

　散らばりを測定するためには，基準点が必要だ．基準点からそれぞれのデータがどの程度「散らばっている」かを測定すればよい．この基準点として平均値を用いてはどうだろうか．表2-1を例にして，平均値とそれぞれの値の差を求めると，表2-4のとおりとなる．

　平均値からどの程度散らばっているか（平均値からどの程度離れているか）を測定するために，平均値との差を求めてみた．この考え方は悪くないのだが，平均値との差の総和は0（ゼロ）となってしまう．なぜかというと，プラス方向に散らばっている場合と，マイナス方向に散らばっている場合があり，プラス方向への散らばりとマイナス方向への散らばりが，ちょうどバランスがとれているところが平均値であるからである．

　だったら，プラス・マイナスを考慮しないで，平均値からの「距離」だけを問題にすればよいことになる．絶対値を求めればよい，という考え方は悪くはないが，ここでは採用せず，平均値との差を2乗するという方法を採用する．ここまでの工夫により，平均値からの散らばりの程度を測定

表2-4 平均値との差,分散

回答者	平均値との差
Aさん	300 − 430 = − 130 (万円)
Bさん	400 − 430 = − 30 (万円)
Cさん	800 − 430 = 370 (万円)
Dさん	350 − 430 = − 80 (万円)
Eさん	300 − 430 = − 130 (万円)

分散(Variance)
$$V=\frac{(300-430)^2+(400-430)^2+(800-430)^2+(350-430)^2+(300-430)^2}{5}$$

これを一般式で書くと,以下の通りとなる.

$$V=\frac{1}{n}\sum_{i=1}^{n}(x_i-\bar{x})^2$$

n …… 標本数
x_i …… 標本から得られた各々のデータ(ここでは世帯収入)
$\bar{x}$ …… 標本の平均値

なお $\sum_{i=1}^{n}(x_i-\bar{x})^2$ とは x_i の i に,1から n までの数値を入れ,x_1, x_2, …, x_n とした場合を表すので,$\sum_{i=1}^{n}(x_i-\bar{x})^2 = (x_1-\bar{x})^2+(x_2-\bar{x})^2+\cdots+(x_n-\bar{x})^2$ となる.

するためには,「平均値との差」の2乗を計算すればよい,というアイデアまでたどり着くことができた.

AさんからEさんまでのそれぞれについて,「平均値との差」の2乗を計算し,その総和を求めると,178000(万円の2乗)となる.これが平均値からのちらばりの程度,すなわち,ちらばりの測度である,といいたいところだが,もう少し工夫が必要である.なぜなら,「平均値との差」の2乗の総和が大きな値を示すのは,「平均値からのちらばりの程度が大きい」場合と,「標本数が多い」場合の2つの場合があるからである.この値に対する標本数の影響を一定にするためには,標本数で除算すればよい.すると,「平均値との差」の2乗の総和/標本数,という式ができあがる.これが分散(variance)の式なのである.

(3)標準偏差(standard deviation)

では,中心傾向の測度としての平均値と,ちらばりの測度としての分散

という2つの値で，集団の特徴を表すことができると考えてよいであろうか．少し，困ったことが生じていることにお気づきであろうか．（2）で述べたように，AさんからEさんまでのそれぞれについて，「平均値との差」の2乗を計算し，その総和を求めると，178000（万円の2乗）となる．これを標本数すなわち5で除算した値は，35600（万円の2乗）である．平均値は430万円であったのに対して，分散は「万円の2乗」という単位となってしまっており，単位が嚙み合わない．これでは具合が悪い．

「万円の2乗」を「万円」に戻すためには，分散の正の平方根を求めてあげればよい．平方根とは，2回掛けたら元の数になる数であり，たとえば，4の平方根は2と−2である．分散の正の平方根を，標準偏差（standard deviation）とよび，一般的にこれをちらばりの測度として用いる（図2−1）．したがって集団の特徴は，中心傾向の測度としての平均値と，ちらばりの測度としての標準偏差という2つの値で表すことができるのである．

$$SD = \sqrt{V} = \sqrt{\frac{1}{n}\sum_{i=1}^{n}(x_i - \bar{x})^2}$$

図2−1　標準偏差（Standard Deviation : SD）

③　データの種類

（1）名義尺度

社会調査によって集められるデータは，多種多様なデータである．本章でもこれまで，世帯収入，出身地という種類の異なるデータを用いてきた．これら2種類のデータでは，何が異なっているのだろうか．

「あなたの出身地をお答えください」という設問を用意し，「12．千葉県」「13．東京都」「20．長野県」「31．鳥取県」「99．それ以外」という選

択肢を用意したとする．この場合，12〜99 の数値がデータとなる．これらのデータは，12 と 13 は異なる，13 と 31 は異なるというように「区別」という情報を有している．仮に，「1．長野県」「2．鳥取県」「3．千葉県」「4．東京都」「5．それ以外」というように選択肢の番号を変更したとしても，欠落する情報がない．このことから，このデータ（すなわち 1〜5 の数値）は「区別」以外の情報を有していないことがわかる．このように，「区別」という情報のみをもつデータを，名義尺度とよぶ．

（2）間隔・比率尺度

一方，世帯収入は，間隔・比率尺度とよばれる種類のデータである．A さんの 300 万円と B さんの 400 万円は異なるので，「区別」という情報を有していることになる．さらに，B さんの 400 万円の方が A さんの 300 万円よりも高額であるから，「順序」という情報も有していることがわかる．そして，B さんの 400 万円と A さんの 300 万円の差である 100 万円は，G さんの世帯収入 200 万円の半額であるというように，足し算・引き算・掛け算・割り算の四則演算が可能なデータである．

なぜ四則演算が可能であるのか．それは「間隔」が一定に定まっているからである．「1 万円」という間隔が常に一定であるので，「1 万円」を 200 集めると「200 万円」になる，すなわち 1 万円 × 200 ＝ 200 万円という演算が成り立つのである．もしも 1 万円という間隔が一定でなかったら，それを 200 集めても「200 万円」にはならないのである．

このように，「区別」「順序」「間隔」という 3 種類の情報をもつデータを，間隔・比率尺度とよぶのである．

（3）順序尺度

ここまで説明を進めてくると，勘の良い読者はピンと来たかもしれない．「区別」という情報のみを有しているデータが名義尺度であり，「区別」「順序」「間隔」という 3 種類の情報をもつデータを間隔・比率尺度とよ

ぶのであれば，「区別」「順序」という2種類の情報のみをもつデータがあるはずだと．その通り．このデータを，順序尺度とよぶ．

順序尺度とはたとえば，「あなたは統計学が好きですか，嫌いですか」という設問に対して，「1．大嫌い」「2．まあ嫌い」「3．どちらともいえない」「4．まあ好き」「5．大好き」という5件法で回答を求めた場合のデータなどである．「1．大嫌い」と「2．まあ嫌い」は異なるので，「区別」という情報を有している．また，値が大きくなるほど好きである度合いが増すので，「順序」という情報もまた有していることがわかる．それに対して，「1．大嫌い」と「2．まあ嫌い」の差の1と，「4．まあ好き」と「5．大好き」の差の1とは等しい間隔であるとは言えない．つまり，「大嫌い」「まあ嫌い」といった判断基準は個人によって異なるので，間隔は等しいとは言えない．しかしながら，「まあ嫌い」よりも「大嫌い」の方がより嫌いであるという「順序」という情報は有していることがわかる．したがって「順序」という情報は有しているものの，「間隔」という情報は有していないことがわかる．この「間隔」という情報の有無が，順序尺度と間隔・比率尺度との差異なのである．

前述した通り，間隔・比率尺度は，「間隔」が一定に定まっているから四則演算をすることができる．ということは，「間隔」が一定であるとはいえない順序尺度の場合，四則演算をすることができないことになる．つまり，順序尺度の場合は，中心傾向の測度として平均値を求めることはできず，中央値もしくは最頻値を用いなければならないのである．そして，「間隔」が一定であるとはいえず，「順序」すらない名義尺度の場合は，中央値すら求めることはできず，最頻値しか中心傾向の測度として使えないのである．

このように，データの種類によって，使うべき基本統計量が異なってくることに，注意してほしい．表2-5に，データの種類と使用すべき基本統計量についてまとめておいた．表2-5を機械的に暗記するのではなく，なぜこのような対応になるのかを，きちんと理解しておくことが重要であ

表2-5 データの種類と基本統計量

データの種類	有している情報	用いるべき 中心傾向の測度	用いるべき ちらばりの測度
名義尺度	区別	最頻値	—
順序尺度	区別＋順序	最頻値, 中央値	範囲
間隔・比率尺度	区別＋順序＋間隔	最頻値, 中央値 平均値	範囲 標準偏差

る．理解さえしてしまえば，表2-5を諳んじることは，いとも簡単となるのだから．

復習問題

1．名義尺度，順序尺度，間隔・比率尺度データで用いるべき，中心傾向の測度について説明しなさい．
2．名義尺度，順序尺度，間隔・比率尺度データで用いるべき，ちらばりの傾向の測度について説明しなさい．
3．名義尺度，順序尺度，間隔・比率尺度データのそれぞれについて，具体例を挙げて説明しなさい．

第3章
平均値の差を検定する

─●本章のねらい●─

　第3～5章では，標本において見られた2変量間の関係が，母集団においても成り立つか否かを，その推測がどの程度（何％の確率で）正しいといえるかの評定を含みながら行う，統計的検定のしくみについて学ぶ．本章では，標本において2群間の平均値に差が見られたとき，母集団においても2群間の平均値に差が見られるか否かを検定する方法である，平均値の差の検定のしくみについて学ぶ．

キーワード

標本平均，母平均，統計的検定，帰無仮説，検定統計量

① 標本調査のシミュレーション

（1）調査1回目

　統計的検定とは，標本において見られた2変量間の関係が，母集団においても成り立つか否かを，その推測がどの程度（何％の確率で）正しいといえるかの評定を含みながら行うことであった．なぜ統計的検定が必要なのか，具体的な例から考えてみたい．

　それほど親しいわけではないけれども，関係をキープしておきたい知り合いの人数（以下，「知り合い数」とよぶ）について調査する場合を例に用いて説明してみたい．一般の社会調査においては，母集団の人数が多すぎて悉皆調査をすることができないので，その中から無作為に調査対象者を選び，調査を依頼する．調査対象者を選び出すことを，「標本抽出」とよび，選ばれた調査対象者を「標本」とよぶことは，すでに述べた通りである．

　ここでは，説明の都合上，男性6名，女性6名の計12名を母集団とする．この12名の中から，無作為に6名を標本として抽出したところ，図3-1に示した6名が選出された．○は女性を，△は男性を示しており，図中に記載されている数値は「知り合い数」である．平均値と標準偏差を計算し平均値±標準偏差で表すと，男性では2.5±0.7人，女性では6.0±3.2人であった．

　この結果から，女性の方が男性よりも「知り合い数」が多い，という結論を導き出す前に，少し考えてみよう．今回選ばれた標本集団において，偶然，女性の方が「知り合い数」が多かっただけかもしれないではないか．別の標本が抽出されたなら，今回の結果とは異なる結果になるかもしれない．

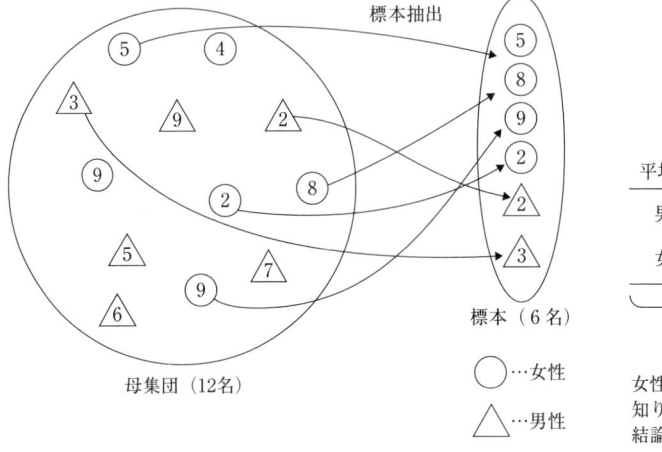

図 3-1 「知り合い数」調査結果(1)

平均値 ± 標準偏差

男性　2.5 ± 0.7
女性　6.0 ± 3.2

⇓

女性の方が男性より知り合い数が多いと結論してよいか？

（2）調査 2 回目

そこでもう一度，標本抽出をやり直して調査をしたところ，図 3-2 に示した 6 名が選出された．

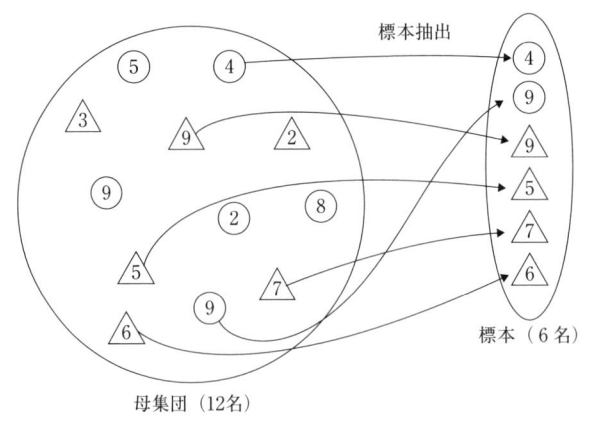

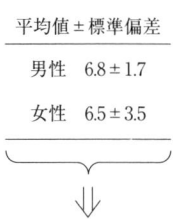

平均値 ± 標準偏差

男性　6.8 ± 1.7
女性　6.5 ± 3.5

⇓

知り合い数については性別による差異はみられないと結論してよいか？

図 3-2 「知り合い数」調査結果(2)

平均値と標準偏差を求めた結果，男性では6.8±1.7人，女性では6.5±3.5人であった．この結果だけをみると，知り合い数について性別による差異はないようにみえる．1回目の調査結果を採用するか，2回目の調査結果を採用するかで，得られる結論が異なってしまうのでは，調査としては問題である．

（3）母集団について知るために

標本集団から得られた調査結果から，母集団の情報について知るために，どうすればよいだろうか．今回のように母集団が12名であれば，悉皆調査（全数調査）を行えば問題は解決する．しかしながら，実際の調査の場面では，母集団の規模が大きく悉皆調査を行うことが不可能なので，標本調査を行うのであり，悉皆調査をするという選択肢は，実際には採用するのが困難である．

では，標本抽出を何度か繰り返し，複数回調査を行い，各標本から得られた平均値および標準偏差の平均値を計算するという方法はどうか．原理的には正しい推論である．標本から得られた平均値（標本平均とよぶ）をグラフに書き出すと，母集団における平均値（母平均）を中心として，左右対称のきれいなグラフになる（正規分布する）ことが知られている（図3-3）．つまり，標本平均が母平均の近傍の値を取る頻度が高く，標本平均が母平均から離れた値を取ることも，頻度は低いものの起こりうるのである．

しかしながら，グラフが書けるほど何度も標本抽出を繰り返し，複数回

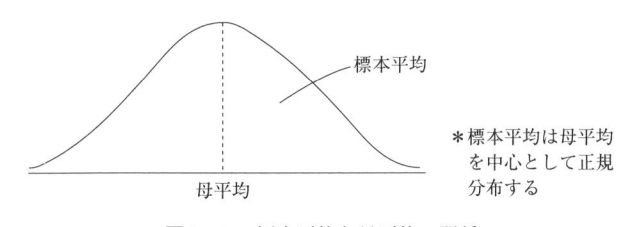

図3-3 標本平均と母平均の関係

調査を行うことは，実際には，悉皆調査を行うのと同じ程度困難である．したがって，標本調査の結果から，母集団の情報を得るためには，統計学の力を借りる必要があるのだ．標本が偏らず，母集団の縮図となっているように標本抽出を行ったならば，標本から得られた平均値や標準偏差などの情報を用いて，母集団の平均値や標準偏差などを推定することができるし，標本において見られた2変量間の関係が，母集団においても成り立つか否かを，その推測がどの程度（何％の確率で）正しいといえるかの評定を含みながら行うこと（統計的検定）もできるのだ（図3-4）．ただし統計的推定や統計的検定を行うためには，統計学の力を借りなければならない．以下では，統計学の力（確率統計論）を借りる直前までの考え方を説明したい．

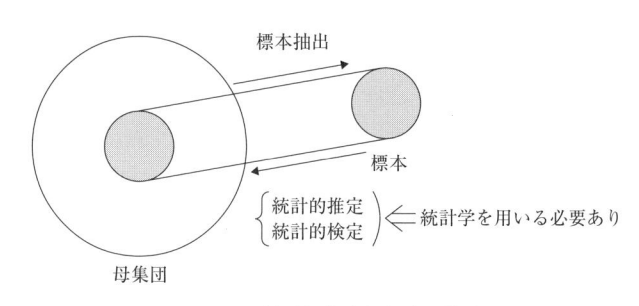

図3-4　統計的推定と統計的検定

② 平均値の差を検定する

（1）統計的検定のしくみ

統計的検定には，平均値の差の検定，独立性の検定，無相関検定など，さまざまな種類がある．そのために，統計的検定の実際の手順（つまりは，パソコンの操作方法）を理解するだけで精一杯となり，統計的検定のしく

みを理解しないままに，統計的検定に取り組んでいるひとも少なくない．それでは，車のしくみを理解しないままに車に乗っているようなもので，故障や不具合が起きたときに対応ができない．

統計的検定は種類は多いものの，実は，全てにおいてしくみは同じなのである．統計的検定は，(1)帰無仮説を立てる，(2)検定統計量を計算する，(3)判断する，という3つのステップを必ず踏む．したがって，この3つのステップを理解することがまず，肝要である．

帰無仮説とは，2変量間に関連がない場合を指す．検定しようと考えている2変量間に，まずは「全く関連がない」という立場で臨むのである．標本において見られた2変量間の関係が，母集団においても成り立つか否かを検討する「統計的検定」において，なぜ「全く関連がない」という極端な立場で臨むのか．それは，「全く関連がない」という場合は，関連の量＝0となる場合のみだからである．「関連の量＝0となる場合」という唯一の場合しかあり得ないので，これを基準にすることができるのである．思考実験として，「関連がある」という状態を基準にした場合を想像してほしい．どの程度「関連がある」のなら「関連がある」と見なせるかという問題をクリアしない限り，「関連がある」という状態を基準にできないことがわかるだろう（図3-5）．

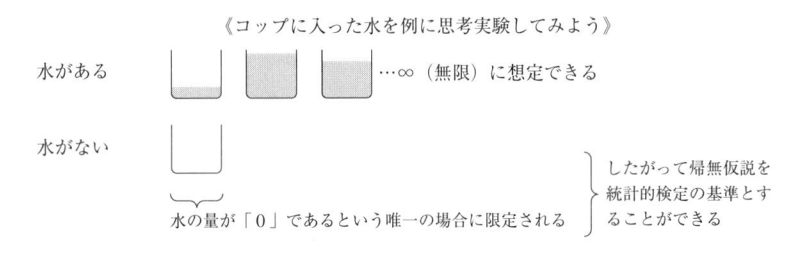

《コップに入った水を例に思考実験してみよう》

水がある　　　　　　　　　　　…∞（無限）に想定できる

水がない

水の量が「0」であるという唯一の場合に限定される　　したがって帰無仮説を統計的検定の基準とすることができる

図3-5　帰無仮説とは

検定統計量とは，帰無仮説を前提とした場合得られる値と，実際に標本から得られた値との差である．前述の通り，帰無仮説は関連の量＝0とな

る場合なので基準とできる．この基準から，標本がどの程度「かけ離れているか」を示すのが，検定統計量である．この検定統計量の計算方法は，統計的検定の種類によって異なっている．本書では，平均値の差の検定と，独立性の検定に限定して，詳しく解説する．

　3つ目のステップは，判断である．判断の方法を示した図3-6を参照しながら考えてほしい．検定統計量とは，前述した通り，関連の量＝0という基準（帰無仮説）から標本がどの程度かけ離れているかを示した値である．したがって，この値が大きければ大きいほど，標本は帰無仮説とはかけ離れている，つまり異なっているのだから，帰無仮説を棄却するという判断をとればよいことになる．逆に，検定統計量が小さな値を示している場合は，標本が帰無仮説に近似しているとみなすべきなので，帰無仮説を採択するという判断をとればよいことになる．

　となると次なる課題は，検定統計量が「大きな値」なのか「小さな値」なのかを，どのように判断するかにある．この判断に，統計学の力（確率統計論）を用いるのである．本章では，検定統計量を求めるまでの段階について，詳細に説明することにしたい．

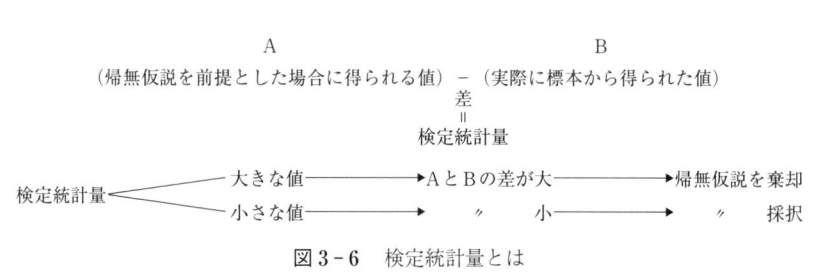

$$\frac{\overset{A}{(\text{帰無仮説を前提とした場合に得られる値})} - \overset{B}{(\text{実際に標本から得られた値})}}{差} = 検定統計量$$

検定統計量 ─┬─ 大きな値 ─────→ AとBの差が大 ─────→ 帰無仮説を棄却
　　　　　　└─ 小さな値 ─────→ 〃 　　小 ─────→ 〃 　　採択

図3-6　検定統計量とは

（2）平均値の差の検定のしくみ

　では，実際に，調査結果(1)に基づき，平均値の差の検定を行ってみよう．まずは，帰無仮説を立てる（帰無仮説をつくることを，帰無仮説を「立てる」とよぶ）．平均値に差があるといえるかどうかを検討したいわけだから，帰無仮説を基準点にするためには，「平均値に差がない」と立てる必要が

ある.

次に，検定統計量を計算する．検定統計量とは，「帰無仮説を前提とした場合に得られる値と，標本から実際に得られた値との差」であった．帰無仮説を前提とした場合とは，平均値の差＝0（ゼロ）の場合である．一方，標本から得られた値とは，男性の平均値：2.5人，女性の平均値：6.0，だったので，平均値の差は3.5である．したがって検定統計量は0と3.5の差すなわち3.5である，と言いたいところだが，残念ながらそう単純ではない．

第2章で説明したことを思い出してほしい．集団の特徴を数値で示すためには，中心傾向の測度とちらばりの測度の2種類の数値が必要であった．もう一度，図3-1を参照しよう．ちらばりの測度である標準偏差（各々の値と平均値との差の程度，すなわち平均値）をみると，男性：0.7，女性：3.2と，男性より女性においてちらばりが大きいことがわかる．この，ちらばりの測度も考慮に入れつつ，検定統計量の計算を行わなければならないことになる．また，ここでは標本数が6名であったが，6名のデータに基づいて計算する場合と，10名のデータに基づいて計算する場合では，検定統計量には変化があって当然であろう．したがって，標本数も，検定統計量の計算に用いることになる．残念ながらこれ以上の説明は，平均値の推定方法の知識がないと理解できないため，ここから先の詳細な説明は，第8章に譲り，本章ではここまでの説明にとどめる．

このようなしくみで求めた検定統計量が，「大きな値である」とみなせるのであれば，帰無仮説を前提とした場合に得られる値と，標本から実際に得られた値との差が大きいのだから，標本は帰無仮説とは大きく異なっている，すなわち帰無仮説を棄却するという判断をすることになるのである．一方，「小さな値である」とみなせるのであれば，帰無仮説を前提とした場合に得られる値と，標本から実際に得られた値との差が小さいのだから，標本は帰無仮説と近似している，すなわち帰無仮説を採択するという判断をすればよいことになる．

以上で，平均値の差の検定の説明は終了となる．標本平均，標本標準偏差，標本数を用いて，標本でみられた2群間の平均値の差が，母集団においても見られるか否かを検定する，ということがどのような試みなのか，おわかりいただけただろうか．「統計的検定」という言葉を聞いただけで怖じ気づいたり，難しいに違いないと思い込んだり，数学嫌いの私にわかるはずなどないなどと理解する努力を放棄したりしては，いけない．実は，極めて単純なしくみに基づいているのだ．そこさえ頭に入れてしまえば，どんな「統計的検定」だって，わからないはずがないのだ．

復習問題

1．標本から得られた標本統計量を，母集団統計量と等しいとみなすことができない理由について，説明しなさい．
2．統計的検定に必要な3つのステップとはなにか．説明しなさい．
3．平均値の差の検定のしくみについて，説明しなさい．

第4章
独立性を検定する

―――――●本章のねらい●―――――
　前章に引き続き本章では，標本において見られた2変量間の関係が，母集団においても成り立つか否かを，その推測がどの程度（何％の確率で）正しいといえるかの評定を含みながら行う，統計的検定のしくみについて学ぶ．本章では，標本において2変数間に関連がみられたとき，母集団においても2変数間に関連が見られるか否かを検定する方法である，独立性の検定のしくみについて学ぶ．

キーワード
因果関係，期待度数，実現度数，χ^2 値（カイ二乗値）

第4章　独立性を検定する

① 「独立」とは「関連がない」ことである

（1）因果関係を説明する

　社会調査は，目の前に広がる現実を記述すること，あるいは，その現実がなぜ生じているのかを説明すること，すなわち因果関係を捉えることを目的として行われる．後者の場合，結果に相当する，我々が説明したいと考えている現実／事象のことを従属変数（被説明変数）とよび，その現象／事象を生じさせている原因を独立変数（説明変数）とよぶ．

　なぜ，原因が独立変数とよばれ，結果が従属変数とよばれるのか，考えてみていただきたい．このような抽象的な問いに答えなければならない場合は，なるべく具体的に考えると，答えが見つかりやすい．ここでは，おそらくは誰もが小学生の頃行った，理科の実験を思い出してみよう．

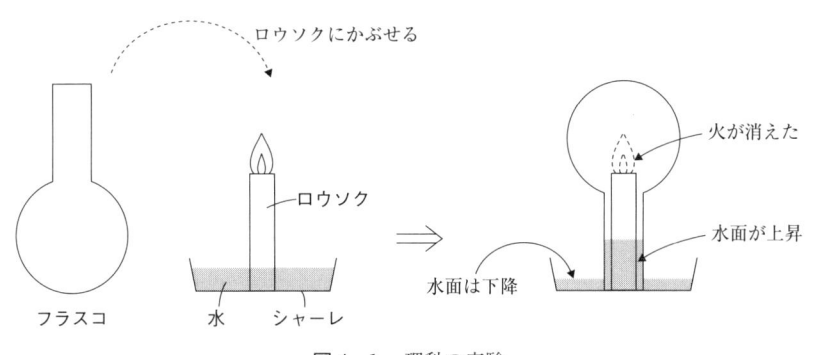

図 4-1　理科の実験

　底から8分目ほどまで水を満たしたシャーレに，火のついたロウソクを1本立てておく．このロウソクを覆うように，フラスコを逆さにして被せるという実験である．フラスコを被せた場合，ロウソクの炎と，シャーレ

に張られた水はどのように変化するだろうか．誰もが，ロウソクの炎は消え，シャーレに張られた水はフラスコ内を少し上昇するため，シャーレ上の水面はやや下降する，と答えるであろう．ロウソクの燃焼により酸素が消費され，燃焼に必要な酸素がなくなると炎は消える．酸素が消費された分，フラスコ内の気圧が下がるため，シャーレに張られた水が，フラスコ内を少し上昇することになる．およそこのように説明するであろう．

　フラスコを被せたから火が消えたのであり，火が消えた後にフラスコが被せられたのではない点に注意が必要である．フラスコを被せなければ火は燃え続け，フラスコを被せると火が消えるのである．フラスコを被せるか否かによって，火が燃えるか消火するかが決定される．すなわち，火が燃えるか消火するかという結果は，常に，原因に従属しているのである．そのため，結果は従属変数とよばれるのである．

　一方，ロウソクに火がついている状態か，消えている状態かに関わらず，フラスコを被せることはできる．すなわち，原因は結果とはまったく無関係に変化することができる．無関係，すなわち「関連がない」ことを，統計学では「独立」とよぶために，原因は独立変数とよばれるのである．こうやって意味を理解すれば，独立変数と従属変数を混同するようなことは，なくなるだろう．

（2）因果関係が成立するための条件
　このロウソクの実験からは，他にも，因果関係に関する重要なことを学ぶことができる．まず注目したいのは，フラスコを被せるという事象が，消火という事象よりも時間的に先行して起こっている点である．因果関係が成立しているのであれば，原因は必ず，時間的に，結果より先行して生じているのである．すなわち，「独立変数の先行」が因果関係成立の第1条件なのである．

　フラスコを被せたら火が消え，フラスコを被せなかったら火は燃え続ける．これは何を意味しているだろうか．これは，独立変数が変化したなら

ば，従属変数も変化するという「独立変数と従属変数の共変」を示しており，因果関係成立の第2の条件を示しているのである．

もうひとつ重要なことがある．それは，「独立変数と従属変数以外のすべての変数は，一定である」という条件である．たとえフラスコを被せなくても，風が強く吹いたらロウソクの炎は消えるだろう．風という変数については，実験中常に「無風」という一定の状態を保つ必要がある．

「独立変数の先行」「独立変数と従属変数の共変」「独立変数と従属変数以外のすべての変数は，一定である」という3つの条件がそろったとき，因果関係が成立していると捉えることができるのである．社会調査が捉えるところの社会で生起しているできごとも，基本的には同じ考え方で捉えることができる．

表4-1　因果関係成立のための条件

①	独立変数の先行
②	独立変数と従属変数の共変
③	独立変数と従属変数以外のすべての変数は一定である

(3) 独立性の検定とは

ここまで考えてくると「独立性の検定」とはどのようなものか，およそ見当がつくだろう．「独立性の検定」とは，関連の有無の検定である．標本においてみられる複数の変数間の関連が，母集団においても存在するか否かを調べるのが，独立性の検定の目的となる．

標本においてみられた複数の変数間の関連が，母集団においても存在すると判断できるのであれば，標本のデータを分析することによって，母集団における因果関係の成立を示唆することができるようになる．因果関係が成立するための3つの条件のうちの2番目の条件，すなわち，「独立変数と従属変数の共変」が母集団においても成立しているかどうかを調べるために，独立性の検定を用いることができるのである．

② 期待度数とは帰無仮説を前提とした値である

(1) 帰無仮説を立てる

次に，独立性の検定とはどのような検定なのかを，説明しよう．表4-2は，東京都にあるA大学に通っている280名の学生に対して出身地を調査し，その結果を性別に集計したものである（もちろん，架空のデータである）．表に示されている数値は，標本における分布を示しており，実現度数とよばれる．

表4-2　性別と出身地：実現度数（人）

	東京都	それ以外	計
男性	64	96	160
女性	72	48	120
計	136	144	280

この実現度数は人数の分布を表したものであり，比率ではないので，東京都出身者がそれぞれどの程度の割合を占めているのかが分かりにくい．そこで，比率を求め表4-3に示した．

表4-3　性別と出身地：比率を求める（％）

	東京都	それ以外	計
男性	40.0	60.0	100.0
女性	60.0	40.0	100.0
計	48.6	51.4	100.0

表4-3をみると，男性では東京都以外の出身者の割合が高く，女性では東京都出身者の割合が高いようにみえる．母集団であるA大学の全学生

について見た場合も，そのような関連が成り立っているのだろうか．独立性の検定を用いて検定してみよう．

前章で説明した通り，統計的検定を行うためには，まず，帰無仮説を立てる必要がある．独立性の検定における帰無仮説は，「関連がない」である．すなわち，性別と出身地には関連がない，がこの場合の帰無仮説となる．

（2）期待度数

次に，性別と出身地には全く関連がない，すなわち両変数は独立である場合，どのような分布となると期待されるか，それを考える．この値を期待度数とよぶ．期待度数はどのようにして求めればよいだろうか．

性別と出身地に関連がない状態とは，どのような状態なのかを考えればよい．表4-3によれば，性別を無視して集計したならば，「計」の行の数値が示すように，東京都出身者は48.6％，それ以外出身者は51.4％存在する．ということは，性別と出身地に関連がないならば，男性160名の48.6％にあたる77.8人が東京都出身者であり，51.4％にあたる82.2人がそれ以外出身者になるはずである．性別と出身地に関連がないという帰無仮説が成立するならば，男性160名のうち77.8人が東京都出身者であり，82.2人がそれ以外出身者となると期待されるため，この77.8と82.2が期待度数とよばれるのである．女性についても同様に，東京都出身者は120名の48.6％にあたる58.3人，それ以外出身者は51.4％にあたる61.7人が，それぞれ期待度数である．このようにして算出した期待度数を表4-4としてまとめた．

表4-4　性別と出身地：期待度数（人）

	東京都	それ以外	計
男性	77.8	82.2	160
女性	58.3	61.7	120
計	136	144	280

(3) 実現度数と期待度数の差を求める

　これで，基準となる点は定まった．次には，前章で述べた平均値の差の検定と同様に，「帰無仮説が真である場合得られることが期待される値と，実際に標本から得られた値との差」である検定統計量を求めればよい．独立性の検定における検定統計量はしたがって，（期待度数－実現度数）という式によって求めることができるということになる．

　こうして求められた検定統計量が大きな値を示すのであれば，期待度数と実現度数が大きく食い違っていることになる．したがって，帰無仮説を棄却するという判断を下すことになる．一方，検定統計量が小さな値を示すのであれば，期待度数と実現度数は近似していることになる．その場合は，期待度数を採用する，つまり帰無仮説を採択するという判断を下すことになる．ここまでの手順を表4-5にまとめた．

表4-5　独立性の検定

統計的検定の手順	独立性の検定の場合
帰無仮説を立てる	帰無仮説：関連がない
検定統計量を計算する	検定統計量：期待度数と実現度数の差
帰無仮説の採否を判断する	検定統計量が大きい：帰無仮説を棄却する 　　〃　　　小さい：　　〃　　採択する

③　カイ二乗値を求める

(1) 期待度数と実現度数の差が大きくなる3つの場合

　期待度数と実現度数の差が検定統計量であり，独立性の検定の場合，カイ二乗値がそれにあたる．と，まずは頭に入れておこう．なぜ，そんなもったいぶった言い方をするかというと，残念ながら，正確な説明ではないからである．

では実際に，表4-2と表4-4を使って，（期待度数−実現度数）を計算してみよう（表4-6）．男性の東京都出身者，男性のそれ以外出身者，女性の東京都出身者，女性のそれ以外出身者のそれぞれの場合について計算すると，77.8−64＝13.8，82.2−96＝−13.8，58.3−72＝−13.7，61.7−48＝13.7であり，全てを合計すると0（ゼロ）になる．単純に差の合計ではダメというのは，第2章の標準偏差の計算ですでに経験済みなので，二乗和を求めることにする．この二乗和を仮に，「カイ二乗値」と呼んでおこう．

表4-6 期待度数と実現度数の差

期待度数	実現度数	差	差^2
77.8	64	13.8	13.8^2＝190.44
82.2	96	−13.8	$−13.8^2$＝190.44
58.3	72	−13.7	$−13.7^2$＝187.69
61.7	48	13.7	13.7^2＝187.69
	差の合計	0	差^{2}の合計 756.26

（2）検定統計量としてのカイ二乗値

なぜ「仮に」と述べたかというと，この「カイ二乗値」が大きな値をとるのは，3つの場合においてだからである．第1は，確かに期待度数と実現度数の差が大きい場合．第2は，標本数が多い場合．第3は，セル数が多い場合である．

男性が160万人，女性が120万人の合計280万人が標本集団であった場合を考えてみれば，標本数が多い場合に「カイ二乗値」が大きな値をとることがすぐにわかるだろう．そこで標本数の影響を受けにくくするために，（期待度数−実現度数）の2乗／期待度数と比の形に換える．こうして得られた式が，検定統計量としてのカイ二乗値（χ^2値）を求める式である．

$$\chi^2 = \sum \frac{(期待度数 − 実現度数)^2}{期待度数}$$

この工夫で，「カイ二乗値」が大きな値をとる第2の場合の影響を受けに

くくすることができた．残るは，第3の場合である「セル数が多い場合」の影響を取り除く必要がある．これは「自由度」によって調整することになる．自由度については後述する．

　ここまでで，独立性の検定の説明は，ほぼ終了である．後は，こうして得られたカイ二乗値が大きな値であると判断すべきか，小さな値と判断すべきか，その判断基準が得られさえすればよい．その点については，第8章で説明する．

復習問題

1．独立性の検定のしくみについて，説明しなさい．
2．期待度数について説明しなさい．
3．カイ二乗値を求めるための計算式について，説明しなさい．

第 5 章
相関関係を検定する

●**本章のねらい**●

　前章に引き続き本章では，標本において見られた2変量間の関係が，母集団においても成り立つか否かを，その推測がどの程度（何％の確率で）正しいといえるかの評定を含みながら行う，統計的検定のしくみについて学ぶ．本章では，間隔・比率尺度同士の関連を検定する方法について学ぶ．

キーワード
散布図，相関係数，無相関検定

第 5 章　相関関係を検定する

① 散布図を描く

（1）散布図から 2 変数間の関連を読み解く

　前章では，名義尺度または順序尺度同士の関連を検定する方法について説明した．本章では，間隔・比率尺度同士の関連を検定する方法について説明する．間隔・比率尺度とは，第 2 章で述べた通り，「区別」「順序」「間隔」という 3 種類の情報をもつデータをさす．検討したい 2 つの変数がともに間隔・比率尺度であるということは，両方とも間隔が一定に定まっていることになるので，X 軸，Y 軸という目盛りをふった 2 つの座標軸からなる座標平面上に，各データをプロット（描く）ことができることになる．

　仮想データではあるが，統計学の 2 回の中間試験の点数（統計 1，統計 2），および社会学の定期試験の点数（社会学）を，座標平面上にプロットしてみよう．3 変数のうち 2 変数の組み合わせは，3 通りであるため，以下のように 3 枚のグラフができあがる（図 5-1，図 5-2，図 5-3）．

　これらのグラフを，散布図とよぶ．図 5-1 からは，統計 1 の得点が高い人ほど，統計 2 の得点も高いという傾向を読み取ることができる．このように，散布図が右上がりのラグビーボールのような固まりを示している場合，「正の相関」があると表現する．逆に，散布図が右下がりのラグビーボールのような固まりを示している場合，「負の相関」があると表現する．

　次に，図 5-2 を検討しよう．社会学の得点が低い人に比べて，高い人では統計 1 の得点もやや高いように見える．しかしながら，社会学の得点が高い人の中には，統計 1 の得点が低い人も少なくない．この散布図では，統計 1 と統計 2 のように，右上がりのラグビーボールのような固まりがあ

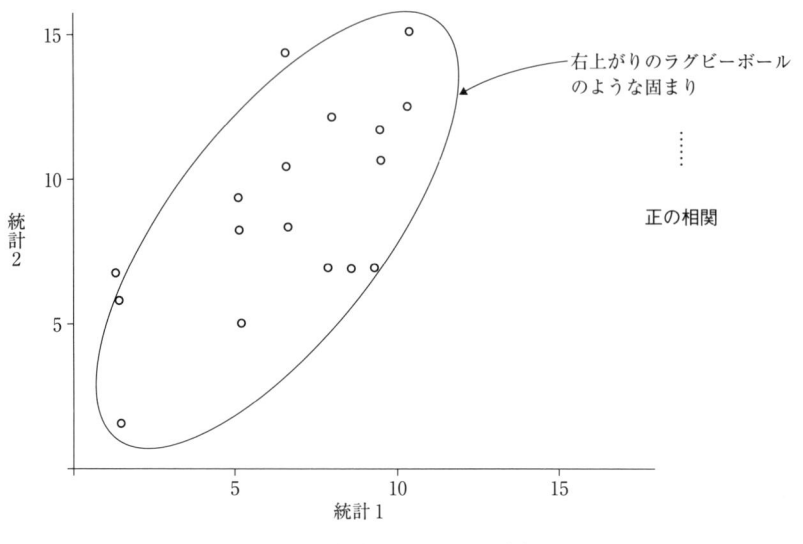

図 5-1 統計 1 と統計 2 の散布図

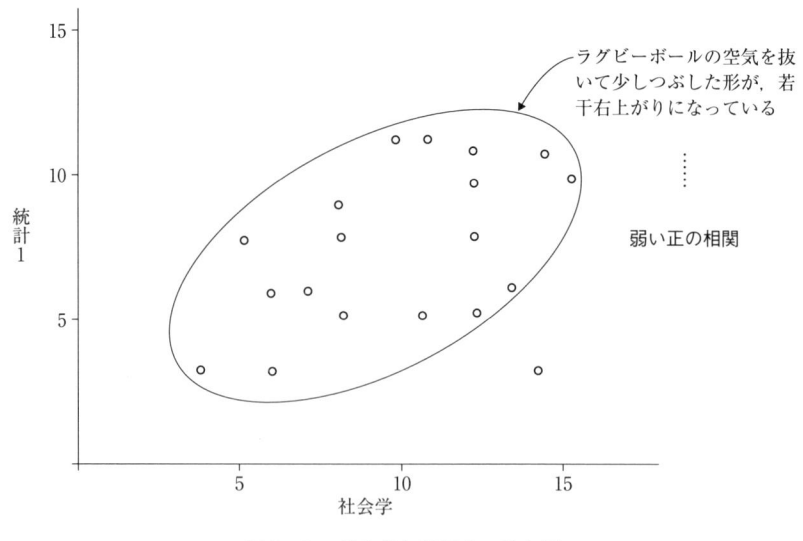

図 5-2 社会学と統計 1 の散布図

第 5 章 相関関係を検定する

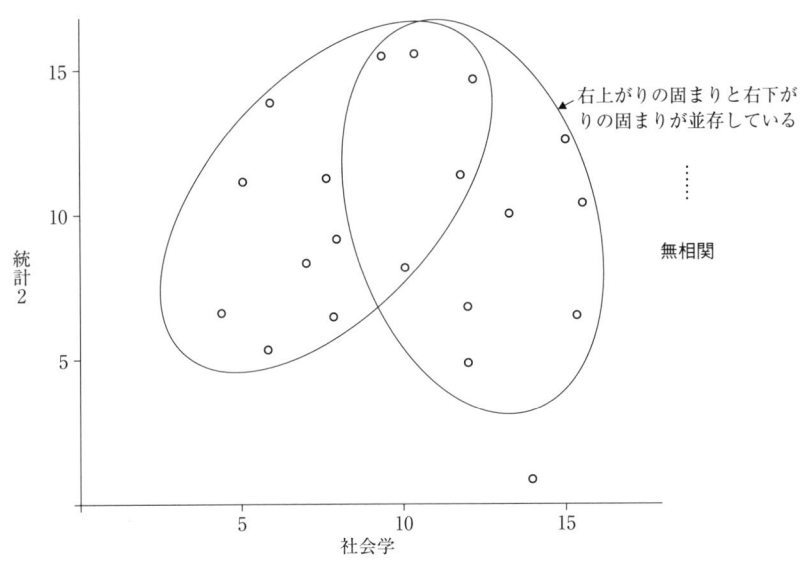

図 5 - 3 社会学と統計 2 の散布図

る，というには，無理がありそうである．むしろ，ラグビーボールの空気を抜いて少しつぶした形が，若干右上がりになっている，とでもいえばよいだろうか．社会学の得点と統計 1 の得点の間には，統計 1 と統計 2 の得点の間にあるより，「弱い」「正の相関」があると考えることができる．

さらに，社会学の得点と統計 2 の得点の散布図を検討しよう．社会学の得点が 10 点未満の場合を，まず検討してみたい．この場合，社会学の得点が高い人ほど，統計 2 の得点が高いという傾向（正の相関）がみられる．それに対して，社会学の得点が 10 点以上の場合は，社会学の得点が高い人ほど統計 2 の得点が低い（負の相関）という，社会学の得点が 10 点未満の場合とは逆の傾向が見られる．一方，全てのデータについてみると，右上がりのラグビーボールとも，右下がりのラグビーボールともいえないので，「無相関」（相関関係が見られない）と捉えることができる．

（2）散布図のメリットとデメリット

このように，散布図は間隔・比率尺度同士の2変数間の関連を，可視化するというメリットを持っている．しかしながら，ラグビーボールのような固まりとか，空気を抜いてつぶしたラグビーボールのような固まりなど，共通イメージが得られにくい表現でしか描き出すことができず，共通の基準で記述することができない．その点が，デメリットである．

そこで考え出されたのが，以下で述べる相関係数である．相関係数は-1以上1以下の値をとる．相関係数がマイナスの値の場合，「負の相関関係」があると解釈でき，プラスの値の場合，「正の相関関係」があると解釈できる．また，絶対値が大きいほど「強い相関関係」が，小さいほど「弱い相関関係」があると解釈することができる．このように数値で表現するならば，誰もが同じ基準で相関関係を記述することができるようになり，比較という観点からは便利である．

しかしながら，相関係数にもデメリットはある．相関係数の値が0に近くなった場合，無相関であると解釈されるものの，だからといって，2変数間に全く関連が存在しないとは限らないのである．図5-3で示した，社会学と統計2の得点の場合のように，社会学の得点の低い人と高い人では，統計2の得点の分布のしかたが異なる，という場合にも相関係数の値は0に近くなってしまうのである．したがって，相関係数を計算すると同時に，必ず散布図で分布の形を確認しておかなければならない．

② 相関係数

（1）正の相関関係と負の相関関係を表現する

次に，相関係数の算出方法について，概略を説明しよう．正の相関関係を示していた，統計1と統計2の得点の散布図を使って説明を試みたい．

第5章 相関関係を検定する

まず，X軸である統計1の得点の平均値を求める（$\bar{x}$と標記し，エックスバーと読む）．同様にY軸である統計2の得点の平均値を求める（$\bar{y}$と標記し，ワイバーと読む）．X軸を$\bar{x}$に，そしてY軸を$\bar{y}$に移すと，散布図が四象限に分けられる．右上から反時計回りに，第1象限，第2象限，第3象限，第4象限とよぶ．

正確性には欠けるが分かりやすく説明しよう．まず，第1象限と第3象限に多くのデータが分布し，第2象限と第4象限に分布するデータが少ないとき，正の相関がみられ，逆に第1象限と第3象限に分布するデータが少なく，第2象限と第4象限に多くのデータが分布するとき，負の相関関係がみられるという関係に着目しよう．ということは，どの象限に多くのデータが分布しているかを示すような数式を考えればよいことになる．そこで各々のデータについて，$\bar{x}$と$\bar{y}$からの散らばりの程度（量）を掛け合わせ，その総計を計算するという方法を考えることにする．数式で表すならば，$\sum(x_i-\bar{x})(y_i-\bar{y})$となり，これを共変動とよぶ．

第1象限に分布するデータの場合，x_i, y_iはそれぞれ$\bar{x}$, $\bar{y}$よりも大きな値であるから，共変動は正の値をとる．また，第3象限に分布するデータの場合，x_i, y_iはそれぞれ$\bar{x}$, $\bar{y}$よりも小さな値であるため，共変動は正の値をとる．つまり，第1象限と第3象限に分布するデータの場合，共変動は正の値をとるのである．

一方，第2象限に分布するデータの場合，x_iは$\bar{x}$よりも小さな値であるが，y_iは$\bar{y}$より大きな値であるため，共変動は負の値をとる．同様に，第4象限に分布するデータの場合，x_iは$\bar{x}$よりも大きな値であるが，y_iは$\bar{y}$より小さな値であるため，共変動は負の値をとる．つまり，第2象限と第4象限に分布するデータの場合，共変動は負の値をとるのである．

したがって，第1象限から第4象限までに分布する全てのデータについて$(x_i-\bar{x})(y_i-\bar{y})$を計算し，その合計を求めた共変動$\sum(x_i-\bar{x})(y_i-\bar{y})$が，正の値をとるならば正の相関関係が，負の値をとるならば負の相関関係がみられることになるのである（図5-4）．

```
                                    (x_i, y_i)
   15  第2象限            ○
                                      第1象限    x̄ : xの平均値
              ○                                  ȳ : yの平均値
                          ○   ○                 共変動：
                                  ○              Σ(x_i - x̄)(y_i - ȳ)
                       ○       ○
   10 ─────────────────────────○──────────
    ȳ          ○
                ○ ○
              ○       ○ ○
    5           ○
          ○ ○
       ○ 第3象限                 第4象限
    ──────────┼─────────┼──────────
              5    x̄    10
                   統計1
```

	$(x_i-\bar{x})(y_i-\bar{y})$	
第1象限	正 × 正 = 正	⇒合計 は正の値となる
3 〃	負 × 負 = 正	
2 〃	負 × 正 = 負	⇒合計 は負の値となる
4 〃	正 × 負 = 負	

⇓
総和すなわち共変動は
第1・3象限に分布するとき　正の値を
第2・4象限に分布するとき　負の値を
とることになる

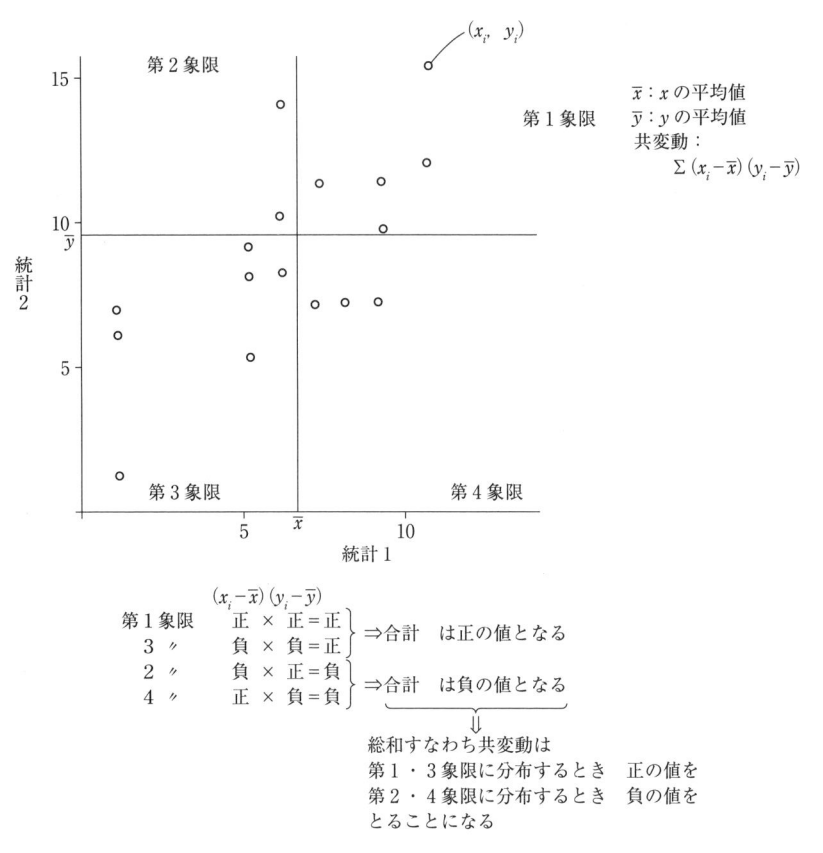

図5-4　共変動

（2）相関関係の強弱を表現する

　次に，相関関係の強弱を数値で表現することを考えてみる．共変動の絶対値が大きいときに強い相関が，小さいときに弱い相関がみられる，となればよいのだが，実際にはそうはならない．なぜか．

　共変動が大きくなるのは，3つの場合があるからである．第1に，強い相関関係が見られる場合．第2に，標本数 n が多い場合．第3に，測定単位を変更した場合，である．そこで，2・3番目の場合に共変動の値が

大きくならないように工夫する必要がある．

　まずは，共変動が大きくなる第2の場合を避ける工夫を考えよう．標本数が多い場合，ひとつひとつの $(x_i-\bar{x})(y_i-\bar{y})$ は小さな値であったとしても，塵も積もれば山となるので，その総計である $\sum(x_i-\bar{x})(y_i-\bar{y})$ が大きな値となってしまう．では，どうするか．n で割る，つまり $1/n \times \sum(x_i-\bar{x})(y_i-\bar{y})$ とすればよいのだ．（この工夫は，標準偏差について説明した第2章でも述べていたので，ここでもう一度思い出しておこう．）こうして導きだされた $1/n \times \sum(x_i-\bar{x})(y_i-\bar{y})$ を共分散とよぶ．

　次に，第3番目の可能性を考えてみたい．統計1の得点を1点10円とお金に換算してみよう．この場合，散布図を同じ大きさで描く限り，散布図に現れるラグビーボールの形は，なんら変化しない．つまり，統計1と統計2の得点の間の相関関係に変化は見られない．しかしながら，共分散に関しては，統計1の得点は全て10倍になり，統計2の得点も全て10倍となるため，共分散は100倍となってしまう．したがって，共分散を相関関係の強弱を示す値だと考えるわけにはいかないのである．

　ではどうするか．測定単位を変えた場合，何が変化したかを考えるとよい．変化したのは，平均値からの散らばりの程度であった．上の段落で「散布図を同じ大きさで描く限り」と限定したのは，実は，平均値からの散らばりの程度を一定にするならば，と読み替えることもできる．平均値からの散らばりの程度，とは標準偏差のことであったから，標準偏差との比の形で表現すれば，測定単位によらず相関関係を測定することができるようになる．こうして導きだされたのが，$r = $ 共分散／x の標準偏差 × y の標準偏差であり，r はピアソンの積率相関係数とよばれる（図5-5）．

（3）相関関係の強弱に関する判断の目安

　こうして得られた r から，相関関係の強弱をどのように読み取ればよいのだろうか．相関係数 r の計算方法から分かるように，r がある値以上は強い相関関係であるとか，それ未満は弱い相関関係であるとか，そのよう

《共変動が大きな値をとる3つの場合》
① 強い相関関係がみられる場合 ← OK
② 標本数 n が多い場合 ｝これらを避ける
③ 測定単位を変更した場合 ｝工夫が必要

n の影響を一定にするために，n で割る．
$$\frac{1}{n}\sum(x_i-\bar{x})(y_i-\bar{y}) = 共分散を求める．$$

平均値からのちらばりの程度を一定にするために，標準偏差で割る．
$$\frac{共分散}{x の標準偏差 \times y の標準偏差} = \underset{\sim}{r}\ ピアソンの積率相関係数$$

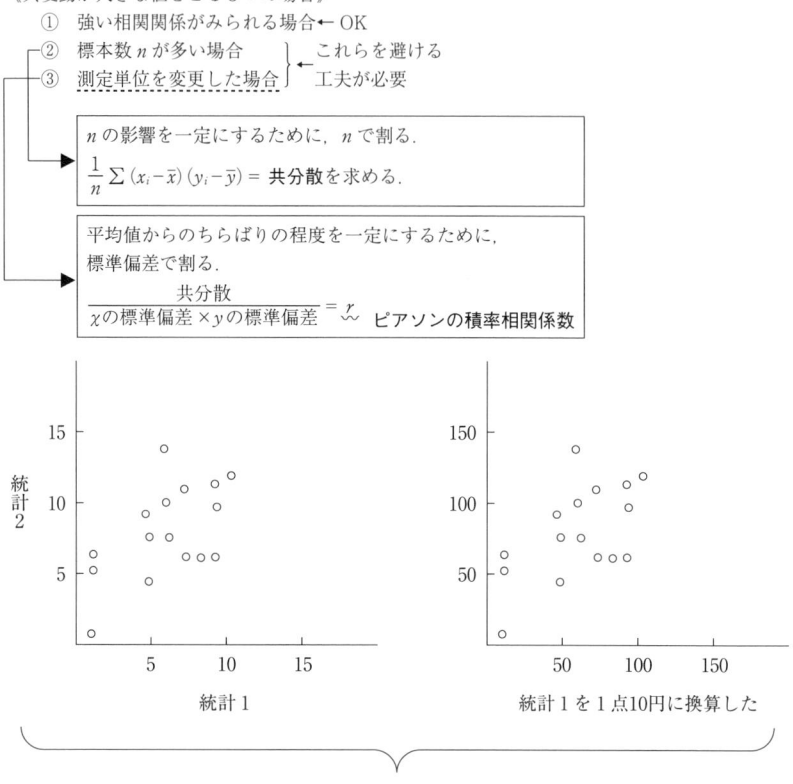

分布は同じなのに測定単位を変更しただけで共分散は変化してしまう．これを避ける工夫がなされたものが，ピアソンの積率相関係数なのである．

図 5-5　ピアソンの積率相関係数の計算式

な絶対的な基準を設ける工夫はなされていない．r の絶対値が 1 に近いほど強い相関を，0 に近いほど弱い相関を相対的に示しているのみである．

しかしながら，それでは r を解釈しにくいので，一般的には，表 5-1 にまとめたような基準で，相関関係の強弱を解釈しているので，参考にしていただきたい．

第5章　相関関係を検定する

表5-1　相関関係の強弱の目安

$-0.2 \leqq r \leqq 0.2$		ほとんど無相関
$-0.4 \leqq r < -0.2$	$0.2 < r \leqq 0.4$	弱い相関
$-0.7 \leqq r < -0.4$	$0.4 < r \leqq 0.7$	中程度の相関
$-1.0 \leqq r < -0.7$	$0.7 < r \leqq 1.0$	強い相関

③　無相関検定とはなにか

（1）母集団においても相関関係が成立していると推測してよいか

　これまでに説明してきた相関係数 r は，あくまでも標本集団のデータから得られた値である．この値が，母集団においても成り立っているか否かは，検定という手続きを踏まなければ判断ができない．

　たとえば，母集団においては，2変数の関係がサッカーボールのように無相関を示していたと仮定してみよう．ここから，偶然，2変数の間に正の相関関係を示している個体だけが，無作為に抽出された（サンプリングされた）という可能性だって，否定することはできないのである（図5-6）．

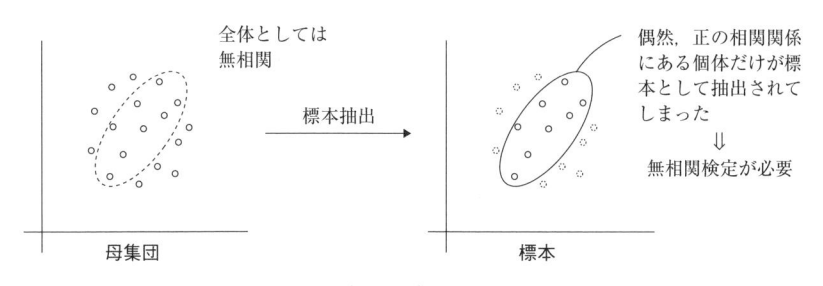

図5-6　無相関検定が必要な理由

　すなわち，標本のデータから求めた相関係数から正の相関関係が見られ

た，とあなたが主張したとしても，それは「偶然の結果である」と批判されたとき，検定という手続きを踏まないうちは，反論のしようがないのである．

（2）無相関検定を行う

では，検定の手続きについて説明しよう．統計的検定は，第3・4章で説明した検定と同様に，「帰無仮説を立てる」「検定統計量を計算する」「判断を行う」という，3つのステップで行う．

帰無仮説は，常に○○がない，と立てればよい．そこで，ここでは「（母集団の）相関係数$r=0$（ゼロ）」すなわち「（母集団は）無相関である」と立てる．

次に，検定統計量を計算する．検定統計量とは，帰無仮説を前提とした値と実際に標本集団から得られた値の差である．詳しい説明は省略するが，無相関検定における検定統計量はtであり，このtの値が大きければ，帰無仮説を前提とした値と実際に標本から得られた値の差が大きいのだから，帰無仮説は棄却される．逆にtの値が小さければ，帰無仮説を前提とした値と実際に標本から得られた値の差が小さいのだから，帰無仮説が採用されることになる．つまり，検定統計量が大きいか小さいかの判断さえできれば，統計的検定を行うことができるようになるのだ．いよいよ，次章以降で，その説明を段階的に行ってゆくことになる．

復習問題

1．散布図のメリットとデメリットについて説明しなさい．
2．相関係数：rを算出する計算式について，説明しなさい．
3．無相関検定における帰無仮説について説明しなさい．

第6章
確率を利用するために

──●本章のねらい●──

　3・4・5章において，我々はまず，関連がない／差がないという立場（帰無仮説）に立ち，そのときに得られることが期待される値（期待値）を求め，その値と実際に得られた値（実現値）との差を検定統計量として求めるというアイディアを考えだした．この検定統計量が「大きい」値を示しているのであれば，実際に得られた値は，関連がない／差がないという帰無仮説とは異なっていることがわかる．逆に，検定統計量が「小さい」値を示しているのであれば，実際に得られた値は，関連がない／差がないという帰無仮説に近似していることがわかる．

　ということは，検定統計量が「大きな」値を示しているか「小さな」値を示しているかがわかれば，関連がない／差がないという帰無仮説を受け入れるべきか否かが判断できることになる．得られた検定統計量が，偶然でも得られるような小さな値なのか，必然的に得られた大きな値なのか．それを見極めるための考え方について第8章にて説明する．本章では第8章を理解するために必要な確率論の基礎について学ぶ．

キーワード

確率の本質的な性質，相補定理，加法定理，乗法定理，排反事象，独立事象，二項分布，正規分布

第6章　確率を利用するために

① 確率論の基礎

（1）確率の本質的な性質とは

　サッカーの試合前，ピッチの上でコイントスを行い，サイドとキックオフ権を決める．いったいなぜ，コイントスで決定するのだろうか．それは表が出る確率も裏が出る確率もともに 50％であることがわかっている（既知である）からだ．これは，誰もが知っている事柄である．

　ところで，「表が出る確率は 50％である」というのは，どのような意味であろうか．意味を考えるために，まずは実験をしてみたい．コインを一枚取り出しどちらかを「表」として定義したうえでコイントスを 10 回試行し，表が出た回数を記録するという実験を行ってほしい．

　するとどうであろうか．表が 5 回前後出たという読者が多いものの，1回しか出なかったと報告してくれる読者も少ないながらも存在する，と予想される．つまり「表が出る確率は 50％である」ということは，10 回試行すれば必ず 5 回表が出るということを意味せず，表が 5 回程度出ることが「期待される」ことを意味するのである．したがって，確率とは「無限回試行することによって得られることが期待される相対頻度」なのであり，これを大数の法則とよぶ．

（2）確率の計算を思い出そう

　確率の本質的な性質をおさえたうえで，確率論の基礎について思い出しておこう．以下では，用語や概念の説明をした上で例題を提示するので，例題を解きながら読み進めていただきたい．

① 確率を分数で表す

確率は分数で表すことができる．分母には全ての場合の数が相当し，分子には求めたい事象が生起する場合の数が記される．そのように説明してもわかりにくいので，まずは例題1を考えてみよう．

例題1 サイコロを1回振ったとき，3の目が出る確率を分数で示しなさい．

サイコロは1から6の目で構成されているから，分母には全ての場合の数である「6」が記される．それに対して分子には，「3の目が出る」という事象が生起する場合の数，それは1通りであるので「1」が記される．したがって，1/6となる．

② 相補定理

相補定理とは，「ある事象が生じる確率」と「その事象が生じない確率」の和は，必ず1となることを示す定理である．すなわち，「ある事象が生じる確率」+「その事象が生じない確率」=1という等式が成り立つのであり，この等式を相補定理とよぶのである．例題2を通して，具体的に考えてみよう．

例題2 サイコロを1回振ったとき，4の目が出る確率を分数で示しなさい．また，4の目が出ない確率も分数で示しなさい．

例題1で考えた通り，4の目が出る確率は1/6である．4の目が出ない確率は，「4の目がでない」場合，すなわち「1」「2」「3」「5」「6」の目が出る場合であるから，5/6となると考えてもよい．しかしながら，「4の目が出る確率：1/6」+「4の目が出ない確率：p」=1，という相補定理を利用すると，$p=1-1/6$で求めることができることに気がつく．あま

りに当たり前なので，なぜことさらに説明するのか，今はピンと来ないかもしれない．が，本章の後半の二項定理の説明の折に，再度登場を願うことになる，重要な考え方なのである．

③ 排反事象と加法定理

同時に生じていて，互いに重ならない複数の事象のことを「排反事象」とよぶ．複数の排反事象が生じる確率を求める場合，足し算にて求めることができ，このことを加法定理とよぶ．例題3を通して，具体的に考えてみよう．

例題3 サイコロを1回振ったとき，2の目または奇数の目が出る確率を，分数で求めなさい．

まず，「2の目または奇数の目」が出る場合は何通りあるか数える．「2の目」が出るのは1通り，「奇数の目」が出るのは1・3・5の目のときだから3通り．したがって，合計4通りである．目の出方は全部で6通りあるので，4/6．約分して2/3となる．
ここで大切なのは，「2の目が出る場合」と「奇数の目が出る場合」は決して重ならないことである．このように同時に生じていて，互いに重ならない複数の事象のことを「排反事象」とよび，排反事象の場合，加法定理が使えるのである．つまり，1/6＋3/6＝2/3と計算することができるのである．

④ 独立事象と乗法定理

時間的な序列の中で生じていて，互いに全く無関係な複数の事象のことを「独立事象」とよぶ．複数の独立事象が生じる確率を求める場合，掛け算にて求めることができ，このことを乗法定理とよぶ．例題4を通して，具体的に考えてみよう．

例題 4 サイコロを 2 回振った．このとき，1 回目に 4 の目が出て，なおかつ 2 回目に 6 の目が出る確率を，分数で求めなさい．

　まず，サイコロを 2 回振った場合の目の出方は，全部で何通りあるかを考える．1 回目に 1 の目が出た場合について考えると，2 回目は 1 の目から 6 の目まで出る可能性がある．同様に，1 回目に 2 の目が出た場合について考えると，2 回目は 1 の目から 6 の目まで出る可能性がある．このように考えると，サイコロを 2 回振った場合の目の出方は，全部で 6×6＝36 通りだということになる．次に，「1 回目に 4 の目が出て，なおかつ 2 回目に 6 の目が出る」という出方が何通りあるか考える．もちろん，一通りしかない．したがって，1/36 という答えが得られる．

　サイコロは，1 回目に 4 の目を出したから，2 回目は 6 の目は出さないようにしようなどと考えたりしない．つまり，1 回目と 2 回目は全く無関係に目が出るのである．このように，時間的な序列の中で生じていて，互いに無関係な事象のことを「独立事象」とよび，独立事象の場合，乗法定理が使える．つまり，1/6×1/6＝1/36 と計算することができるのである．

　余談ではあるが，分数の掛け算を見て，嫌な気持ちになった方は，分数の割り算を機械的に覚えてきた方であろう．掛け算とは足し算の親戚と理解すればよい．10 円玉を 3 枚集めたら 30 円になる．これを掛け算で表すと，10×3＝30 となる．ということは，1/6×1/6 とは，1/6 を 1/6 集めるといくつになるかということと同じである．たとえば 1/6 を 1/2 集めるということは，1/6 の半分なのだから，1/12 となる．ということは，1/6 を 1/6 集めると 1/36 となるのである．分数の掛け算は，分母同士，分子同士を掛け合わせればよい，というように機械的に暗記すると，本質を見失うので要注意である．

⑤　確率の計算

　これまで説明してきた，排反事象，加法定理，独立事象，乗法定理を理

解すると，確率の計算ができるようになる．次の例題5を解くことによって，確率の計算の実際を体験してみよう．

例題5 口の大きさの異なる3つの壺がある．それぞれの壺には，黒玉と白玉がそれぞれ合計10個入っている．これらの3つの壺の前に赤ちゃんを連れてきたとする．赤ちゃんが最初に取り出した玉が，黒玉である確率を，分数で求めなさい．ただし，赤ちゃんが壺Aを選ぶ確率は10％，壺Bを選ぶ確率は40％，壺Cを選ぶ確率は50％であり，壺Aには黒玉が4個，壺Bには黒玉が5個，壺Cには黒玉が8個入っているものとする（ちなみに，この赤ちゃんは，片手を怪我しているために包帯を巻いており，怪我をしていないもうひとつの手だけで玉を掴むと仮定する．図6-1参照）．

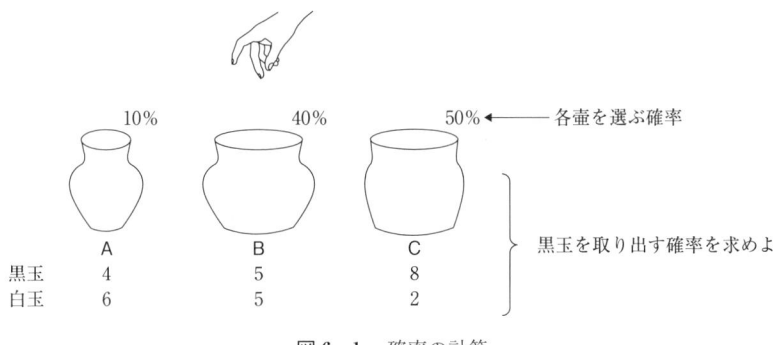

図6-1 確率の計算

何となく難しい問題のような気がしてしまう．そう思うだけで，問題を解く気力がなくなっていく．「難しい」→「嫌だ」→「思考停止」という悪循環を打ち切らなければいけない．

少しずつ考えていこう．赤ちゃんが壺Aに手を入れる確率は10％（すなわち，1/10）．赤ちゃんが壺Aに手を入れた瞬間，中身である玉の構成が変化するということはあり得ないので，赤ちゃんが壺Aを選ぶことと壺Aに入っている玉とは独立事象である．例題4で考えたように，独立事象の

場合は乗法定理が成り立つ．したがって，赤ちゃんが壺Aに手を入れ，そして黒玉を取り出す確率は，1/10×4/10．同様に壺Bから黒玉を取り出す確率は，4/10×5/10．壺Cから黒玉を取り出す確率は5/10×8/10．

ところで，壺Aと壺Bと壺Cに同時に手を入れることはできないのだから，それぞれ排反事象である．排反事象ということは加法定理が使える．したがって，1/10×4/10＋4/10×5/10＋5/10×8/10が答えということになる．

以上で，相補定理，加法定理，乗法定理，排反事象と独立事象の説明はおしまい．そして，これだけの基礎知識をもっていれば，次節の説明は理解できるはずである．「難しい」→「嫌だ」→「思考停止」という悪循環に陥らないように，注意して次節に進んでほしい．

② 二項分布について知る

（1）二項分布の式

基礎知識の整理は終了した．いよいよ，検定統計量の分布を検討する段階に入ろう．そうはいっても，いきなり検定統計量を扱うと難しすぎるので，まずは，最も基礎的な分布である二項分布から説明をしたい．二項分布とは，ONとOFFのように，「生じる」場合と「生じない」場合で表すことができる事象の分布である．これも，例題を解きながら，具体的に考えてみよう．

例題6　サイコロを10回投げたとき，4の目が6回出る確率を求めよ．

サイコロを1回投げたとき，4の目が出る確率は1/6である．全部で

10回の試行中，4の目が6回出る確率は，それぞれの試行は独立事象なので乗法定理を用いることにより，$(1/6)^6$ として求めることができる．さらに，4以外の目が $(10-6)$ 回出る確率は，これも独立事象なので乗法定理を用いることにより，$(1-1/6)^{10-6}$ となる．したがって，4の目が6回出て，4以外の目が $(10-6)$ 回出る確率は，$(1/6)^6 \times (1-1/6)^{10-6}$ となる．これを確率Aとしておく．

ところで，「10回の試行中4の目が6回出る」というパターンは何通りあるだろうか．4, 4, 4, 4, 4, 4, 1, 1, 1, 1 というパターンもあるし，4, 4, 4, 4, 4, 4, 1, 1, 1, 2 というパターンもある．もれなく，重複しないように数え上げると，全部で $_{10}C_6$ 通りとなる．

さて，確率Aで生じる事象が $_{10}C_6$ 通りあることがわかった．それぞれの事象は重ならないから排反事象である．ということは，加法定理を使えばよい．確率Aを $_{10}C_6$ 回足し算する．先に蛇足で説明したように，10円を2回足したら20円，すなわち 10×2 と表現することができた．ということは，確率Aを $_{10}C_6$ 回足し算するのは，確率A $\times {}_{10}C_6$ と表現できることになる．

ここまでくれば，後は整理をするだけである．確率A $\times {}_{10}C_6 = {}_{10}C_6 \times$ 確率Aであるから，結局，

$$_{10}C_6 \times (1/6)^6 \times (1-1/6)^{10-6}$$

となることがわかる．したがって，n 回の試行において，確率 p で生じる事象が r 回起こる確率は，$_nC_r \times (p)^r \times (1-p)^{n-r}$ で求めることができることになる．これが二項分布とよばれる分布の式である．

(2) 二項分布の具体例

4の目が出るか出ないかのように，ONかOFFか（1か0か）で表される事象は，二項分布に従うことが知られている．例えば，コイントスを

100回行ったとき，表が80回出る確率は，$_{100}C_{80} \times (0.5)^{80} \times (1-0.5)^{100-80}$で求めることができる．打率4割の打者が，100打席バッターボックスに立った場合，60打席でヒットを打つ確率は，$_{100}C_{60} \times (0.4)^{60} \times (1-0.4)^{100-60}$で求めることができる（ただし，ヒットを打つか，それ以外かという2分法で考える必要がある）．

勝率8割の力士が10番相撲を取ったとき，8試合勝つことが期待されるが，それ以上の試合で勝つこともあるだろうし，残念ながら一試合も勝てないことだってある可能性がある．この力士が何試合勝つと予想されるかをグラフで表すと，下のグラフの通りとなる（図6-2）．

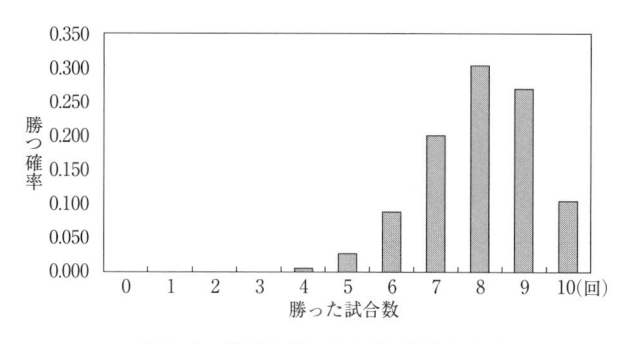

図6-2　勝率8割の力士が10試合したら

③　正規分布について知る

（1）二項分布の特殊な形が正規分布だ

本章で取り上げてきた事例は，自然数の世界の事例であった．コインを3.2回投げるとか，バッターボックスに4.8回立つというようなことは想定できない．このようなデータを離散型のデータとよぶ．

一方，測定単位を細かくすると，どんどん細かく測定することができる

第6章 確率を利用するために

ようなデータを，連続型データとよぶ．身長や体重は連続型のデータである．この，連続型のデータを扱い，n が十分に大きい場合，二項分布は正規分布となる．したがって，正規分布も二項分布と同様に式で表すことができるのである．式が得られたということは，必要な値を代入すると，グラフを描くことができることになる．この正規分布のグラフの特徴について，以下で説明したい．

(2) 正規分布の特徴

正規分布の特徴について説明する前に，本章が何を目指していたのかを，もう一度確認しておこう．前章までで，統計的検定を行うためには，検定統計量の値が大きいのか小さいのかを知る必要があることを説明した．検定統計量の大小の判断は，確率に基づいて行う．そのために，必要最低限の確率の知識を身につける必要があった．それを本章では説明してきたのである．

次章で説明する統計的推定は，正規分布の特徴に基づいて行われる．そこで，正規分布の特徴を，ここでしっかり頭に入れておきたい（図6-3）．

正規分布は，常に左右対称のグラフである．そのため，平均値，中央値，最頻値が全て一点で重なる．これが第1の特徴である．また，平均値±1.0標準偏差（SD）という範囲をとると，全データの68.3％が含まれるという特徴を持っている．さらに，平均値±2.0標準偏差（SD），平均値±3.0標準偏差（SD）と範囲を広げていくと，それぞれ95.4％，99.7％が含まれることが知られている．また，平均値±1.96標準偏差（SD）という範囲をとると，全データの95.0％が含まれている．

次章で述べる統計的推定は，この正規分布の第2・3の特徴を利用するのである．すなわち，平均値±1.0標準偏差（SD）という範囲に全データの68.3％が含まれるということと，平均値±1.96標準偏差（SD）という範囲をとると，全データの95.0％が含まれるという性質を利用するのである．

特徴1 左右対称である
→平均値，中央値，最頻値が全て1点で重なる

特徴2 68.3%
95.4%
−2 −1 1 2
平均値

平均値±1標準偏差
……全データの68.3%が含まれる
平均値±2標準偏差
……全データの95.4%が含まれる

特徴3 95.0%
−1.96 −1 1 1.96
平均値

平均値±1.96標準偏差
……全データの95.0%が含まれる

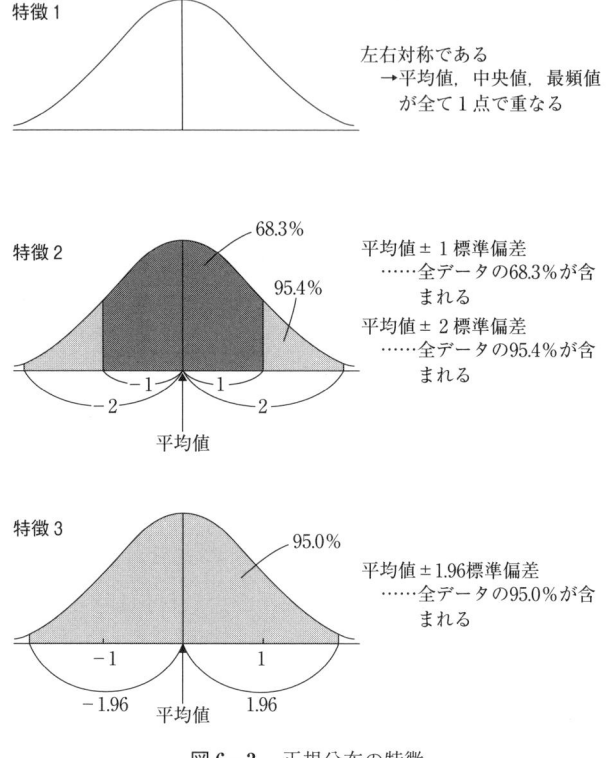

図6-3　正規分布の特徴

(3) 正規分布の応用例

　そのような抽象的な説明ばかり繰り返しても，イメージがわかないので，我々の日常生活世界において，正規分布がどのように応用されているか，説明しておきたい．

　たとえば，我々が中学校・高校と苦しめられてきた偏差値は，平均値＝50，1標準偏差＝10となるように計算してつくられている．例えば，Aさんの社会統計学の試験の偏差値は60であったとすると，Aさんは受験者の上位何パーセントに位置することになるだろうか．

　偏差値が60ということは，60＝50＋10なので，ちょうど1標準偏差の

位置にいることがわかる．平均値±1.0標準偏差という範囲に全データの68.3％が含まれているのだから，それ以外の人は（100−68.3）％存在することになる．これには上位と下位の両側が含まれているので，上位の方だけ考えればよい．したがって，（100−68.3）/2％となる．このように，偏差値を使うと平均と標準偏差が固定されるため，試験の難易度に関係なく全受験者の中のどの辺りの位置にいるのかが一目瞭然とわかるのである．

　他にも，知能指数（IQ）は，平均値＝100，1標準偏差＝15となるようにして計算されている．したがって，Bさんの知能指数が129.4であったとき，Bさんが上位何パーセントに位置するかということも，たちどころに分かってしまうのである．また，臨床検査の正常値も，一般的に，下限値＝平均値−1.96標準偏差，上限値＝平均値＋1.96標準偏差として設定されている．コレステロール値が高いとか，血圧が高いとかいった判断は，いずれもこのように設定された正常値の範囲を逸脱していることを示しているのである．

　以上で，基本的な予備知識は全て頭に入れることができた．いよいよ，統計的推定について，次章において検討する．

復習問題

1．確率の本質的な性質について説明しなさい．
2．二項分布の式について説明しなさい．
3．正規分布の特徴について説明しなさい．

第7章
統計的推定を行う

━━━●本章のねらい●━━━

　社会調査における標本調査では，母集団について情報を得ることが最終的な目標である．しかしながら，母集団の全ての個体について調査を行うことは困難なので，一部を標本として抽出し，標本について調査を行う．そして，標本から得られたデータを用いて，母集団について推測するという手続きをとる．標本において2グループの平均値に差がみられた場合，母集団においても同様に2グループの平均値に差が見られるか否かを検討する手続きが，統計的検定（平均値の差の検定）であった．

　この統計的検定の説明のための準備の，最後段階にあたるのが本章である．ここでは，標本平均を用いて母平均を推定する手続きについて説明を行う．標本平均から母平均を推定することができるのであれば，標本平均の差から母平均の差を検定することだってできるはずである．迂遠に見えるかもしれないが，もう少しの間，説明にお付き合い願いたい．

キーワード
標本平均，母平均，不偏推定値，区間推定，標準誤差

第7章 統計的推定を行う

① 母平均の推定を行うための準備

　統計的推定の基本的な考え方は,「不偏推定」すなわち大きい方に偏っているわけでもなく,小さな方に偏っているわけでもないように推定するというものである.この考え方を大原則として,以下では推定のしくみについて説明する.説明のゴールは,標本平均を用いての母平均の推定であるが,一足飛びにそこに行くことができない.まずは,それを行うための準備をしよう.

（1）点推定

　まずは,標本から選んだ任意の1標本の値から,母集団について推定するという方法について検討してみたい.抽象的な議論はわかりにくいので,具体的な例題1を解くことによって説明しよう.

例題1　男性回答者160名（有効標本）の教育年数（標本平均＝13.10年）を用いて,A市の男性（調査母集団）の教育年数の平均値（母平均）を推定してみよう.ただし,A市の男性の教育年数の標準偏差は3.64年であることが既にわかっている（既知である）こととし,なおかつ,母集団の教育年数は正規分布している（したがって有効標本の教育年数もまた正規分布している）という前提に立つことにする.

　第2章の基本統計量について学んだ読者であれば,この例題に違和感を感じるであろう.母平均が未知であるにもかかわらず,母平均を用いなければ算出不可能な母標準偏差が既知であるということは,現実にはあり得ない.しかしながら,説明の都合上,ここでは母標準偏差が既知であるこ

とにする（もちろん，本章の最後では，母標準偏差も推定することになる）．

考え方の原則は，不偏推定値を求めるという点にある．つまり大きい方に偏っているわけでも，小さい方に偏っているわけでもないと推測できる値を求めるのである．まずは，160名の男性回答者の中から任意の一人を選ぶ（Aさんとする）．Aさんの教育年数（12年であった）を用いて，調査母集団の教育年数の平均値（母平均）を推定する．

Aさんは無作為に選ばれた標本であり，母集団における位置づけ，すなわち母平均よりも長い位置にいるとか，短い位置にいるという情報は今のところ存在しない．したがって，Aさんの教育年数は，母平均より長いと判断する根拠はない．と同様に，母平均より短いと判断する根拠もまたない．ということは，大きい方に偏っているとも，小さい方に偏っているとも判断できないのだから，偏りがない推定値だと見なすことができそうである．したがって，母平均の不偏推定値は12年である，と当面考えておこう（図7-1）．

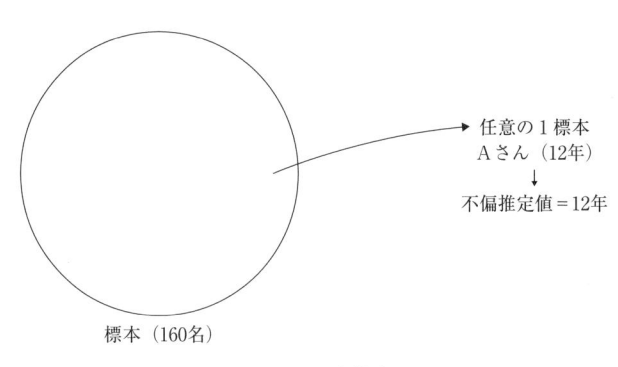

図7-1　点推定

（2）区間推定

点推定では，推定結果をどの程度信頼することができるのか，その目安を得ることができない点が不便である．そこで，どの程度信頼できるかを，確率で示す工夫をしたのが区間推定である（図7-2参照）．

第7章 統計的推定を行う

　調査母集団について考えよう．前提条件で示した通り，教育年数は正規分布している．ということは，教育年数の分布は左右対称の分布であり母平均はその中心に位置することになる．そして，第6章の正規分布の特徴で説明した通り，母平均±1標準偏差という範囲に，全標本（今回の例題では160名）の68.3％が含まれていることになる．

　では，標本集団から選び出された任意の1標本であるAさんのデータが，母平均±1標準偏差という範囲に含まれている確率は何％になるだろうか．全標本の68.3％が母平均±1標準偏差という範囲に含まれていたのであるから，Aさんのデータがその範囲に含まれている確率も68.3％であるということになる．

　この説明が難しく感じる方は，次のような単純な例を思い浮かべてみるとよい．椅子とりゲームにおいて，椅子が7脚，プレーヤーが10人いたとする．プレーヤーのひとりであるAさんが椅子に座ることができる確率は何％になるだろうか．70％であることはすぐにわかるだろう．それと同じことである．

　次に，任意の1標本であるAさんの教育年数（12年）を平均値とした正規分布を考えてみる．すると，12年±1標準偏差という範囲に，全標本（160名）の68.3％が含まれていることになる．ということは，12年±1標準偏差という範囲に母平均が含まれている確率もまた68.3％になるではないか．

　したがって，12年（任意の1標本であるAさんの教育年数）±1標準偏差という範囲に，母平均は68.3％の確率で含まれている，という推定結果が得られることになる．【例題1】において，標準偏差が既知であるという無理な設定をしておいたので，標準偏差である3.64年を代入すると，区間推定が完了する．すなわち，12−3.64＝8.36，12＋3.64＝15.64であるから，母平均は8.36年から15.64年の間に68.3％の確率で含まれているという推定結果を得ることができたのである．

　ここでもう一度，第6章で説明した正規分布の特徴を思い出し，95.0

％の確率で区間推定を行ってみることにする．平均値±1.96×標準偏差という範囲に全データの95.0％が含まれていたのだから，12年±1.96×3.64，すなわち4.87年から19.13年の間に母平均は95.0％の確率で含まれていると推定することができる．

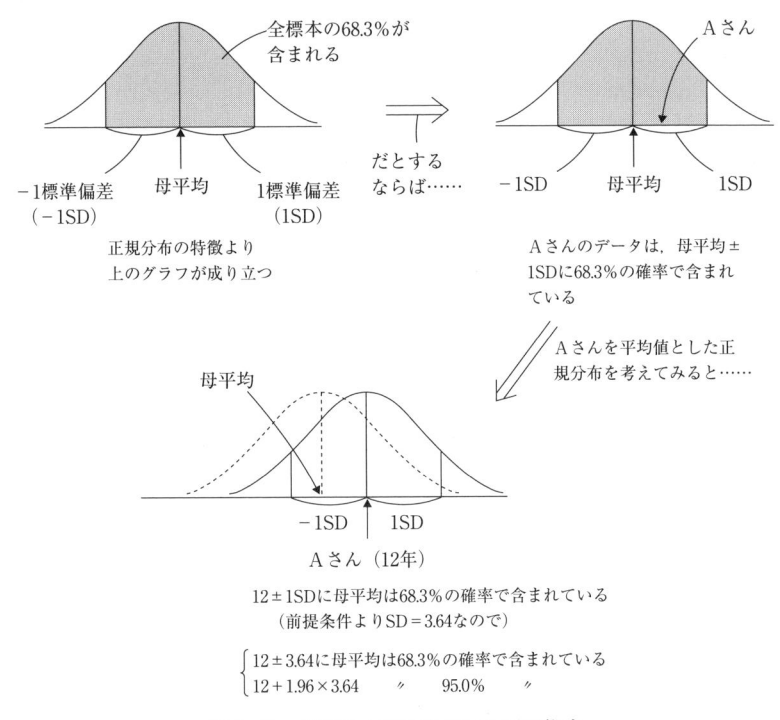

図7-2 任意の1標本を用いた区間推定

（3）標本平均を用いた区間推定

さらに精度を上げていこう．これまで任意の1標本であるAさんというひとりのデータを用いて推定を行ってきたが，160名分のデータを利用可能なのだから，それを用いる方法を考えることにする．

今回の調査で得られた160名の教育年数の平均値は13.10年であった．しかしながら，再度標本抽出をやり直すことによって選出された別の標本

第7章 統計的推定を行う

集団の教育年数の平均値を求めた場合，必ずしも 13.10 年にはならず，別の値になるはずである（このことは，第 3 章で既に検討した）．

標本抽出をやり直すたびに異なった標本平均が得られるので，得られた標本平均をグラフ化してみる．すると，母平均を中心とした正規分布が得られることが知られている．すなわち，標本平均は母平均の近傍の値をとることが最も多く，母平均から離れた値をとることもあり得るがそれはまれであると考えることができるのである．ということは，母平均の不偏推定値は標本平均であるとみなして，差し支えないということがわかる（図 7-3）．

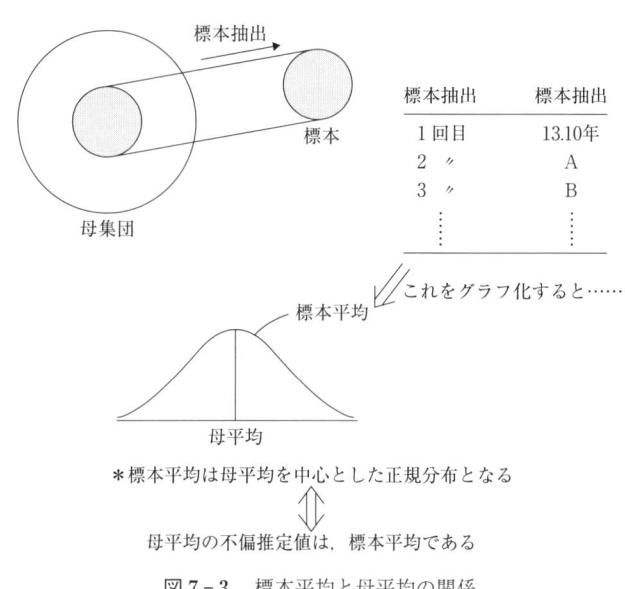

図 7-3 標本平均と母平均の関係

また，正規分布を示す標本平均のグラフからは，「標本平均」の平均値 ± 「標本平均」の 1 標準偏差という範囲に，全「標本平均」の 68.3％ が含まれていることが示される．そこで，今回の調査で得られた 160 名の教育年数の平均値である 13.10 年を母平均の不偏推定値とみなして，13.10

年±「標本平均」の1標準偏差という範囲をとると，その範囲に母平均が68.3％の確率で含まれていることになる．

「標本平均」の1標準偏差は，「標準誤差」とよばれ，その不偏推定値は，母集団の標準偏差／n の正の平方根で求めることができることが知られている．したがって，13.10年±3.64/$\sqrt{160}$ という範囲に68.3％の確率で母平均が含まれていると推定することができる（図7-4）．

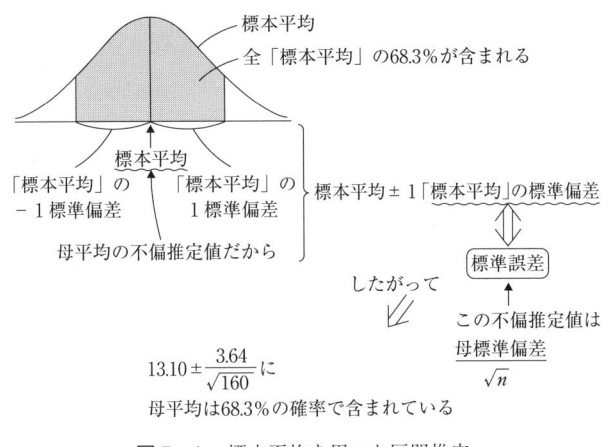

図7-4　標本平均を用いた区間推定

② 母平均を推定する

（1）ギリシャ文字で表記する

第1節の説明で，母平均を推定するための準備は整った．いよいよ，母平均を推定する実際の方法について説明しよう．

例題2　男性回答者160名（有効標本）の教育年数（平均値＝13.10年，標準偏差＝2.50）を用いて，A市の男性（調査母集団）の教育年数の平均値

（母平均）を推定してみよう．もちろん，母標準偏差は未知である．なお，母集団の教育年数は正規分布している（したがって有効標本の教育年数もまた正規分布している）という前提に立つことにする．

解説2　第1節において私たちは，「標本平均±標準誤差の範囲に，母平均が68.3％の確率で含まれている」ということまで理解できた．統計学の一般のテキストは母集団の統計量をギリシャ文字で，標本集団の統計量をローマ字の小文字で表すのが一般的なので，ここでも同様の表記をとっておこう．表7-1にまとめるので，覚えてほしい．

表7-1　基本統計量の一般的な表記

	平均値	標準偏差
母集団の統計量	母平均：μ	母標準偏差：σ
標本集団の統計量	標本平均：$\bar{x}$	標本標準偏差：s

この標記方法を使って，先ほどの理解を表記すると，「標本平均：$\bar{x}$ ± 標準誤差：$\sigma/\sqrt{n}$ の範囲に母平均：μ が68.3％の確率で含まれている」となる．

（2）標準正規分布に変換する

さて，第6章で説明した通り，偏差値は平均値が50，1標準偏差が10となる正規分布であり，知能指数は平均値が100，1標準偏差が15となる正規分布であった．このように，正規分布は数限りなく存在するため，そのままでは基準とならない．そこで，平均値＝0，1標準偏差＝1となる正規分布を，基準となる正規分布，すなわち標準正規分布として用いるという工夫がなされている．この標準正規分布につては，細かく性質が調べられていて，統計学のテキストには，必ず標準正規分布表が記載されている（付表1）．

偏差値の正規分布を，この標準正規分布に変換する，ということを考え

てみる．どうすればよいか．平均値を0にしたいのだから，まずは全ての値を-50すればよいことがわかる．次に1標準偏差を1にしたいのだから，全ての値を1/10すればよいはずだ．

このことを念頭において，先ほどの「標本平均は母平均を中心とした正規分布となる」というこの正規分布を，標準正規分布に変換してみよう．平均値を0にしたいのだから，まずは全ての値を$-\bar{x}$すればよい．次に1標準偏差を1にしたいのだから，全ての値を$1/\sigma/\sqrt{n}$とすればよい．したがって，$(\mu-\bar{x})/\sigma/\sqrt{n}$は標準正規分布を示すことになる．

（3）標準誤差の不偏推定値を用いて，母平均の推定を完了する

いよいよ最終段階まできた．上記の式では，母標準偏差：σがまだ使われているので，最後にこれを推定することを考える．標準誤差：$\sigma/\sqrt{n}$の不偏推定値は，$s/\sqrt{n-1}$であることが知られているので，これを代入する．すると，$(\mu-\bar{x})/s/\sqrt{n-1}$という式が得られ，これは$t$分布とよばれる分布に従うことが知られている（すなわち，$(\mu-\bar{x})/s/\sqrt{n-1}=t$である）．つまりは，$t$分布表（付表2）を用いると，母平均を推定することができるという結論に達したわけである．

では，【例題2】について実際に母平均を推定してみたい．t分布の自由度は$n-1$で求めることができる．$n=160$であったので，$n-1=159$．t分布表より読み取ると，$t=1.975$となる．次に，tの式に，$t=1.975$，標本平均：$\bar{x}=13.10$，標本標準偏差：$s=2.50$，$n=160$を代入し，母平均：μについて解く．すると13.10 ± 0.392年，すなわち$12.71\sim13.49$年に95.0%の確率で母平均が含まれていることになる．これで，母平均の推定完了となる．

なお，t分布は正規分布と同様に，左右対称のきれいな分布をしている．正規分布と異なるのは，自由度によって形を変えることである．したがって，t分布表は自由度ごとに異なる値が記載されることになる．

第7章 統計的推定を行う

復習問題

1. 標本統計量(標本平均および標本標準偏差)を用いて,母平均を推定する方法について,説明しなさい.
2. 標準正規分布とはどのような正規分布か.説明しなさい.
3. t分布を示す式を説明しなさい.

第8章
統計的検定を行う

●本章のねらい●

　前章までで，統計的検定の説明のための準備は終了した．本章では，これまで学んだ知識を応用することによって，「2群の平均値の差の検定（t検定）」「独立性の検定（χ^2検定）」「無相関検定」という3種類の統計的検定について説明する．

　2群の平均値の差の検定は，例えば男性の教育年数の平均値と女性の教育年数の平均値に差があるかを検定する場合に用いる．したがって，従属変数（検定したい変数）は間隔・比率尺度であることが必要である．それに対して，名義尺度（もしくは順序尺度）同士の2変数間に，関連があるか否かを検定する手法が，独立性の検定である．一方，散布図に表すことができる2変数間（両方とも，間隔・比率尺度）に相関関係があるか否かを検定する手法が，無相関検定である．どういう場合に，どの検定手法を用いるか，混同しないように整理して覚えておこう．

キーワード
2群の平均値の差の検定，独立性の検定，無相関検定

第 8 章　統計的検定を行う

① 　2 群の平均値の差の検定（t 検定）

（1）母平均の推定

　前章では，標本集団の統計量（標本平均と標本標準偏差）を用いて，母集団の統計量（母平均）を推定するという方法について学んだ．その方法を用いて，例題 1 を解いてみよう．

例題 1　A 大学の学生から無作為抽出した 30 人に対して，1 週間のアルバイト時間について尋ねた．その結果，平均値が 5.7 時間，標準偏差が 2.4 であった．母集団におけるアルバイト時間の平均値を区間推定しなさい．

解説 1　A 大学の学生が母集団であり，調査対象者となった 30 名が標本である．したがって，標本平均（5.7 時間）と標本標準偏差（2.4）を用いて，母平均の区間推定を行え，というのが例題 1 の出題意図である．
　では区間推定を行ってみよう．母平均の区間推定には，t 分布を利用する．t 分布は自由度によって形が異なるので，まずは自由度を求める．t 分布の自由度は $n-1$ で求めることができるので，この場合は $30-1=29$ である．このときの t の値を，t 分布表より読み取ると $t=2.05$ である（ただし，両側検定であり有意確率を 5％ とする）．前章（第 7 章）で求めた t の式に対して，標本平均：$\bar{x}=5.7$，標本標準偏差：$s=2.4$，標本数：$n=30$ を代入し，母平均：μ について解く．すると，5.7 ± 0.9 時間，すなわち 4.8〜6.6 時間となる．したがって，母平均は 4.8 時間以上 6.6 時間以下に 95％ の確率で含まれている，と結論することができる（図 8-1）．

例題1

標本：30名

{ 標本平均：5.7
  標準偏差：2.4 }

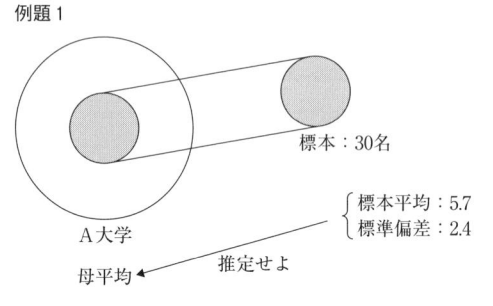

A大学
母平均 ← 推定せよ

① t 分布表より自由度：$30-1=29$ の t の値は，2.05であることがわかる

② $t = \dfrac{\bar{x}-\mu}{\dfrac{s}{\sqrt{n-1}}}$ に $\begin{cases} \bar{x}=5.7 \\ s=2.4 \\ n=30 \\ t=2.05 \end{cases}$ を代入し，μ について解く

③ $\mu = 5.7 \pm 0.9$ となる

図8-1　母平均の推定

（2）平均値の差の検定

前章までの説明により，我々は，母平均がどの範囲に何パーセントの確率で含まれているかを推定することができるようになった．ということは，母平均がある規準となる値を超えているか否かを判断することもできることになる．この手法が，統計的検定なのである．次に，例題2を解きながら，統計的検定について説明してみたい．

例題2　例題1で取り上げたA大学の学生の平均アルバイト時間は，5時間を超えていると判断してもよいか否か．

解説2　統計的検定を行う場合，第3章で説明したように，まず帰無仮説を立てる．帰無仮説は○○がないと立てるという原則を思い出すと，今回は，「A大学の学生の平均アルバイト時間は，5時間と差がない」と立てることができることがわかる．これでは日本語としておかしいので，「A大学の学生の平均アルバイト時間は5時間である」という，一般的な表現

に改める．

　次に，第7章で求めたtの式に数値を代入し，検定統計量：tの値を求める．すなわち，標本数：$n=30$，標本平均：$\bar{x}=5.7$時間，標本標準偏差：$s=2.4$，そして母平均：$\mu=5$時間を，それぞれ代入する．tについて解くと，$t\fallingdotseq1.60$となる．

　第3章で説明したように，検定統計量：tの値とは，帰無仮説を前提とした値と30名の調査対象者（標本）から得られた値との差であった．したがって，検定統計量：tが大きな値であると判断できるなら，帰無仮説と標本集団から得られた値との差が大きいのだから，帰無仮説は棄却するという判断を下すことになる．一方，検定統計量：tが小さな値であると判断できるなら，帰無仮説と標本集団から得られた値との差が小さいのだから，帰無仮説を採択するという判断を下すことになる．ということは，検定統計量：tの値が大きいのか小さいのか，その判断を下すための基準となる数値が必要だということがわかる．

　その基準となる値を，臨界値とよぶ．検定統計量：tの値が臨界値よりも大きければ，検定統計量：tは大きな値であると，検定統計量：tが臨界値以下であれば検定統計量：tは小さな値であると判断することにする．この臨界値は，t分布表より求める．自由度：$n-1$なので$30-1=29$．両側検定で有意確率を5％とすると，臨界値は2.05であることがわかる．

　先ほども求めたように，検定統計量：$t\fallingdotseq1.60$であったから，$t<2.05$（臨界値）であることがわかる．したがって，検定統計量：tは「小さな」値であると判断することができる．つまり，帰無仮説が真である場合得られることが期待される値と，実際に標本から得られた値との差が小さいのだから，帰無仮説は真であると判断することができる．

　これまでの検定結果より，A大学の学生の平均アルバイト時間は，5時間と差がない．すなわち，A大学の学生の平均アルバイト時間は，5時間を超えているとは判断することができないことがわかる（図8-2）．

例題 2

標本：30名

A大学

標本平均：5.7
標準偏差：2.4

A大学の学生の平均ア
ルバイト時間は5時間
を超えているか？

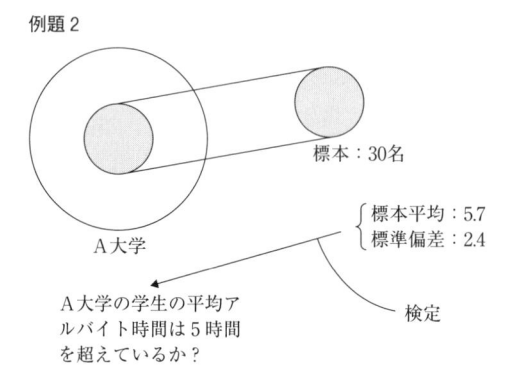

検定

① 帰無仮説：A大学の学生の平均アルバイト時間は5時間である

② $t = \dfrac{\bar{x} - \mu}{\frac{s}{\sqrt{n-1}}}$ に $\begin{cases} \bar{x} = 5.7 \\ s = 2.4 \\ n = 30 \\ \mu = 5 \end{cases}$ を代入し，tについて解く

③ $t \fallingdotseq 1.60 <$ 臨界値：2.05 t分布表より自由度：30 − 1 の t の値を求める

↓

t は小さな値！

図 8-2　平均値の差の検定

（3） 2群の平均値の差の検定——t検定

　第3章で取り上げた，それほど親しいわけではないけれども，関係をキープしておきたい知り合いの人数の調査結果をここでも取り上げて，実際に t 検定を行ってみよう．

　母集団は男性6名，女性6名の計12名．無作為に6名を標本として抽出したところ，男性2名，女性4名が抽出された．男性の知り合い数の平均値は 2.5 人，一方，女性の知り合い数の平均値は 6.0 人．男性と女性とでは平均値に差があるようにみえるが，母集団においても性別によって平均値に差があるとみなしてよいのだろうか．t 検定を用いて検討してみよう．

　統計的検定は，帰無仮説をたてるところからスタートした．帰無仮説は

第8章 統計的検定を行う

「○○がない」とたてるから，ここでは「男性の平均値と女性の平均値には，差がない」とたてることにする．

次に，検定統計量を求める．ここでは検定統計量として t の値を求める．女性の標本平均：$\bar{x}_1=6.0$，女性の標本数：$n_1=4$，女性の標本標準偏差：$s_1=3.16$，男性の標本平均：$\bar{x}_2=2.5$，男性の標本数：$n_2=2$，男性の標本標準偏差：$s_2=0.71$ を，t の式に代入し，t について解くと，$t=1.69$ となる．自由度 $(n_1-1)+(n_2-1)=4$ の場合の臨界値を t 分布表より求めると（両側検定，有意確率5％の場合）2.776．$t=1.69<2.776=$ 臨界値となり検定統計量：t の値は，小さな値であると判断できる．

検定統計量：t，すなわち帰無仮説を前提とした値と標本から得られた

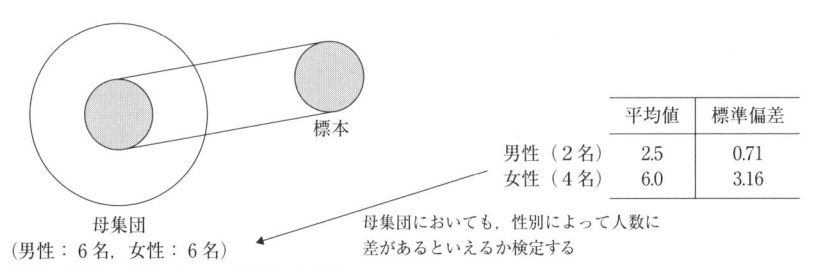

	平均値	標準偏差
男性（2名）	2.5	0.71
女性（4名）	6.0	3.16

母集団
（男性：6名，女性：6名）

母集団においても，性別によって人数に差があるといえるか検定する

① 帰無仮説：性別によって人数に差はない
② 次の式で t 値を求める

$$t = \frac{\bar{x}_1 - \bar{x}_2}{\sqrt{\dfrac{(n_1-1){s_1}^2+(n_2-1){s_2}^2}{(n_1-1)+(n_2-1)} \times \left(\dfrac{1}{n_1}+\dfrac{1}{n_2}\right)}}$$

$\begin{cases} \bar{x}_1=6.0 & \bar{x}_2=2.5 \\ n_1=4 & n_2=2 \\ s_1=3.16 & s_2=0.71 \\ \text{女性} & \text{男性} \end{cases}$ を代入する．$t=1.69$

③ $t=1.69 <$ 臨界値2.776　　t 分布表より求める
　　　　　　　　　　　　　　　自由度：$(n_1-1)+(n_2-1)=4$
⇓
t は小さな値である

図8-3　2群の平均値の差の検定

値との差が小さいのだから，標本は帰無仮説と近似していることになり，帰無仮説を採択する．したがって，第5章第1節でとりあげた例については，性別により平均値に差がないと判断する必要があることがわかった（図8-3）．

(4) 確率で判断

平均値の差の検定，すなわちt検定を行う際には，常にt分布表を持ち歩かなければならないとなると，とても不便である．それを解消するために，確率で判断する方法が編み出され，実際にはそちらが一般的に使われている．

t分布表の表頭に表示されている値（両側検定についてみると，0.20，0.10，0.05，0.02，0.010）は，tが得られる確率を示している．つまり，自由度1の場合，tが3.078となるのは20％の確率，12.706となるのは5％の確率だということになる．このように検定統計量（この場合はt）が得られる確率をp値とよび，検定統計量が大きな値を示すほどp値は小さな値を示す．p値の計算は，SPSSやRなどの統計解析ソフトを用いると，自動的に行ってくれるので，複雑な計算を電卓を叩いて行う必要は全くない．

我々はこれまで，検定統計量が大きい場合に帰無仮説を棄却し，検定統計量が小さい場合に帰無仮説を採択してきた．では，p値を用いた場合は，どのように判断するか．前述した通り，検定統計量が大きな値をとるほど，p値は小さな値をとっていた．ということは，p値が小さな値をとる場合帰無仮説を棄却し，p値が大きな値をとる場合帰無仮説を採択すればよいことになる

ここまで考えてくると，p値が大きいとか小さいとか判断するための基準となる値が必要であることに気がつくであろう．その基準を「有意水準」とよび，一般的に5％を採用する．すなわち，p値が5％未満の場合はp値が小さいと，p値が5％以上の場合はp値が大きいと判断するのである．p値が5％未満の場合はp値が小さく，検定統計量は大きいのだか

ら，帰無仮説と標本集団から得られた値の差が大きいことになり，帰無仮説を棄却すると判断するのである（表8-1）．

むろんこのような判断が誤っている可能性もある．この場合，判断が誤る可能性は，5％未満である．したがって有意水準は危険率（判断を誤る危険が生じる確率）とも呼ばれている．

表8-1　p値を用いた判断

検定統計量 （t値, x^2値など）	p値 （統計ソフトにより算出）	帰無仮説に 対する判断
大きな値 小さな値	小さな値：5％未満 大きな値：5％以上	棄却する 採択する

② 独立性の検定（カイ二乗検定）

（1）検定統計量であるカイ二乗値を求める

第4章でとりあげた，性別と出身地の例を用いて，カイ二乗検定について説明しよう．統計的検定は全て，帰無仮説を立てるところからスタートする．ここでは，「性別によって出身地に差がない」と立てよう．

次に，検定統計量であるカイ二乗値をもとめる．第4章第3節で求めた式を用いてカイ二乗値を求めると，$\chi^2=10.98$ となる．

（2）帰無仮説の採否を判断する

あとは，検定統計量：カイ二乗値が臨界値よりも大きな値なのか，臨界値以下の小さな値なのかがわかればよい．臨界値はカイ二乗分布表（付表3）より求めることができる．自由度は，$(2-1)\times(2-1)=1$ である．有意確率を5％とした場合，自由度1の臨界値は，3.841．すなわちカイ二乗値$=10.98>3.841=$臨界値となっていることから，検定統計量は大きな

値を示していると判断できる．

　検定統計量とは，帰無仮説を前提とした値と標本から得られた値との差を示していた．その値が大きな値だということは，標本から得られた値は帰無仮説を前提とした値とは大きく離れていると判断できるので，帰無仮説を棄却する．したがって，「性別によって出身地に差がない」という仮説が棄却されるのだから，性別によって出身地に差があると判断することになる．

　統計解析ソフトを使用する場合には，カイ二乗値を求め，それが得られる確率：p値を求める．有意水準を5％とした場合，p値が5％未満の場合はp値が小さく，検定統計量は大きいのだから，帰無仮説と標本から得られた値の差が大きいことになり，帰無仮説を棄却すると判断するのである．

③　無相関検定

（1）無相関検定を行う

　標本において見られた2変数間の相関関係が，母集団においても存在すると考えることができるか否かを検討するのが，無相関検定である．無相関検定においても，帰無仮説を立てるところから，検定がスタートする．ここでは「(母集団においては) 相関関係がない」すなわち「(母集団の) 相関係数：$r=0$」と立てる．

　次に検定統計量を計算する．詳しい説明は省略するが，無相関検定における検定統計量はtである．検定統計量：tの値を求め，tが得られる確率p値を，統計解析ソフトによって求める．有意水準を5％とした場合，p値が5％未満の場合はp値が小さく，検定統計量は大きいのだから，帰無仮説と標本から得られた値の差が大きいことになり，帰無仮説を棄却すると判断するのである．

（2）無相関検定の注意点

無相関検定について注意しなければならない点が2点ある．ひとつは，相関関係の強弱と有意水準は必ずしも一致しないことにある．

たとえば，有意水準5％で有意であった相関係数：$r=.36$ の相関関係と，有意水準1％で有意であった相関係数：$r=.21$ の相関関係では，どちらが強い相関関係なのか考えてみよう．相関係数は絶対値が大きいほど強い相関，0に近いほど弱い相関を示しているので，前者の方が強い相関関係にあることがわかる．したがって，有意水準が5％ではなく1％で有意であったという点にのみ基づいて，「だから強い相関関係がみられた」と考えるのは正しい判断とはいえないことがわかるだろう．

もうひとつの注意点は，検定結果が無相関であったとしても，必ず散布図を描いて，分布を視覚的に確認しておくことにある．第5章で取り上げた例を，もう一度思い出してほしい．社会学の得点と統計2の得点との相関関係について無相関検定を行うと，$r=-.09$（$p=0.695$）となり，検定結果は母集団において相関関係がみられないことを示している．しかしながら，第5章でも指摘したとおり，社会学の得点が10点未満の場合と10点以上の場合で統計学の得点の分布が異なっていたので，散布図を見る限り，母集団の中に2種類の性質の異なる集団が混在していることが推測される．そのような重要な知見を見逃さないようにするために，必ず散布図を描く習慣を身につけたい．

復習問題

1．2群の平均値の差の検定のしくみについて，検定統計量の種類と臨界値とは何かを述べた上で，説明しなさい．
2．独立性の検定のしくみについて，検定統計量の種類と p 値とは何かを述べた上で，説明しなさい．
3．無相関検定のしくみについて，説明しなさい．また，無相関検定の結果を解釈する上で，留意しなければならない点について説明しなさい．

第 9 章
ノンパラメトリック検定を行う

―――●本章のねらい●―――

　前章までに紹介した，2群の平均値の差の検定（t検定），独立性の検定（カイ2乗検定），無相関検定は，基礎的な検定方法であるため，その原理について詳しく解説した．これらの検定の実際の分析方法については，多くの解説書や参考書が発行されており，また近年ではWEB上でも閲覧可能となっているため，それらを利用して理解を深めてほしい．

　本章では，従来解説されることが少なかったノンパラメトリック検定について，SPSS（ver. 18）を用いた実際の分析方法と，出力結果の解釈方法について解説する．

キーワード

ノンパラメトリック検定，1サンプルのχ^2検定，複数の独立サンプルの検定，1サンプルのt検定

① パラメトリック検定とノンパラメトリック検定

　パラメトリック検定とは，間隔・比率尺度のデータを用いた検定方法であり，母集団のデータが正規分布に従っていることを仮定して考案された検定方法の総称である．2群の平均値の差の検定（t検定）や次章で解説する分散分析などは，パラメトリック検定に属している．社会科学系の研究者や実務家が行う社会調査から得られるデータには，間隔・比率尺度データが少ないため，パラメトリック検定を十分に活かすことができないことも多い．

　そのために開発されたのがノンパラメトリック検定である．ノンパラメトリック検定とは，正規分布の仮定を必要としない検定方法であるため，名義尺度もしくは順序尺度のデータを用いることができる．これまで紹介した検定方法のなかでは，独立性の検定（カイ2乗検定）がこれに属している．ノンパラメトリック検定は，社会科学系の研究者や実務家が行う社会調査から得られるデータの分析に活用できるという利点がある．しかしながら，多変量解析（次章で解説する）の開発が十分でないこともあり，これまで解説書や参考書にあまり取り上げられてこなかった．

　以下では，2種類のノンパラメトリック検定を取り上げ，どのような場合に用いるのかを，具体的な例を挙げながら説明する．なお，ここでは，SPSSという統計パッケージ（ver. 18）を用いた場合のメニューなどの選び方および出力結果の読み方を示した．SPSSとは，大学や各種研究機関などにおいて最も一般的に用いられている統計解析ソフトである．SPSSは頻繁にバージョンアップされるので，それに伴いメニューなどに変更などが起きている可能性があることに留意して第9・10章を活用してほしい．

②　1サンプルの χ^2 検定

　第1章で解説した通り，統計的検定は理論的には，計画標本においてみられる変数間の関連が，調査母集団においてもみることができるか否かを検証するために行われる．しかしながら，計画標本に対して調査を行うものの，有効回収率が100％となる，すなわち有効標本と計画標本が完全に一致する，ということはまず生じないため，統計的検定には回収率が低いことによる偏りが強く影響することになる．

　そこで，調査票の回収が終了し，データ入力，データクリーニングが終了し，いよいよ分析作業に入るという段階において，まず有効標本に偏りがあるか否かを確かめなければならない．この確認作業に有効な分析手法が，ノンパラメトリック検定に属する「1サンプルの χ^2 検定」である．A地域の標本調査から得た192票の有効回収票から作成されたデータを例に用いて，1サンプルの χ^2 検定の出力結果の読み方について説明する．

　WEB上で公開されている住民基本台帳に基づく人口総数によると，調査時点にA地域には，男性が651人，女性が667人暮らしていた．この値を基準として，性別という観点から見た場合，調査によって得られた有効標本に偏りがあるか否かを，1サンプルの χ^2 検定を用いて確認してみよう．

　①　帰無仮説
　帰無仮説は，「住民基本台帳の値と，有効標本から得られた値には，差がない」となる．

② 検定統計量の計算

SPSSを用いて，検定統計量を計算する．メニューバーより，＜分析→ノンパラメトリック検定→過去のダイアログ→カイ2乗＞と進み，1サンプルのχ^2検定の設定ダイアログボックスを開く．検定変数リストに「性別」を投入し，期待度数として651と667を入力する．「OK」ボタンをクリックすると演算が開始され，結果が出力される．

表9-1 1サンプルのχ^2検定

〈検定統計量〉

	観測度数N	期待度数N	残差		性別
1 男性	110	94.3	15.7	カイ2乗	5.136
2 女性	81	96.7	−15.7	自由度	1
合計	191			漸近有意確率	.023

③ 判断

その結果，表9-1が得られた．検定統計量の表より，漸近有意確率（p値）：.023は0.05未満であるため，帰無仮説は棄却される（p値は1を超えることがあり得ないので，SPSSでは小数点以下の値しか表示されない．.023は0.023の整数部分の0を省略した表記であるので注意されたい）．したがって，「住民基本台帳の値と，有効標本から得られた値には，有意な差がある」と判断されることになる．どのような差があるのかは，クロス表より読み取る．観測度数（実現度数）と期待度数の差（残差）をみると，男性では正の値，女性では負の値となっている．これは，調査によって得られた有効標本においては，住民基本台帳を基準とした値より，男性の標本（サンプル）が多く，女性の標本（サンプル）が少ないことを示している．つまり，A地域の標本調査によって得られた有効標本は，性別という観点からみると偏りがあるということになる．

③ 複数の独立サンプルの検定

　第8章で解説した，2群の平均値の差の検定は，基本的な分析手法ではあるものの，実際の分析作業においては，汎用性が高いとは言い難い．独立変数が2値の場合で，なおかつ従属変数が間隔・比率尺度の場合にしか使用することができないからである．独立変数が3値以上の場合で，なおかつ従属変数が順序尺度の場合にも用いることができる分析手法も，当然存在する．それが，複数の独立サンプルの検定（クラスカル・ウォリスの検定）である．

　A地域で行った調査では，「この地域のために何か役立つことがしたい」と思うかを尋ね，「1．そう思う」から「5．そう思わない」の5件法により回答を求めている．この質問によって得られたデータは順序尺度データとなり，これを従属変数とする．独立変数としては，現在住んでいる住宅の種類を5つの選択肢（「1．ファミリータイプのマンション」から「5．テナントとの複合型マンション」）によって尋ねた質問を用いることにする．住宅の種類と意識の間に関連があると言えるか否かを，複数の独立サンプルの検定を用いて分析する．

① 帰無仮説

　帰無仮説は，「現在住んでいる住宅の種類と，この地域のために何か役立つことがしたいという意識との間には，関連がない」となる．

② 検定統計量の計算

　SPSSを用いて，検定統計量を計算する．メニューバーより，〈分析→ノンパラメトリック検定→過去のダイアログ→k個の独立サンプルの検

定〉と進み，複数の独立サンプルの検定の設定ダイアログボックスを開く．検定変数リストに「意識」を投入し，グループ化変数として「住宅の種類」を設定する．〈範囲の定義〉をクリックし，グループ化変数の最小値と最大値を入力する．〈検定の種類〉より，Kruskal-Wallis の H を選び，「OK」ボタンをクリックすると演算が開始され，結果が出力される．

表9-2　複数の独立サンプルの検定

〈順位〉

	住宅の種類	N	平均ランク
役立つことがしたい	1．ファミリータイプM	52	93.09
	2．ワンルームM	28	117.43
	3．店舗併用型ビル	53	70.41
	4．戸建て住宅	17	98.29
	5．複合M	25	74.76
	合計	175	

〈検定統計量[a], [b]〉

	役立つことがしたい
カイ2乗	20.639
自由度	4
漸近有意確率	.000

＊　(a) Kruskal Wallis 検定．(b) グループ化変数：住宅の種類

③　判断

　その結果，表9-2が得られた．検定統計量の表より，漸近有意確率（p値）：.000 は 0.05 未満であるため，帰無仮説は棄却される．したがって，「現在住んでいる住宅の種類と，この地域のために何か役立つことがしたいという意識との間には，有意な関連がみられる」と判断されることになる．どのような関連がみられるかは，順位の表に示されている．平均ランクの小さいものから順に並べると，「3．店舗併用型ビル」「5．複合マンション」「1．ファミリータイプマンション」「4．戸建住宅」「5．ワンルームマンション」となる．「この地域のために何か役立つことがしたい」

と思うかという設問については,「1．そう思う」から「5．そう思わない」の5件法により回答を求めていたことから,「3．店舗併用型ビル」で暮らす人においてこの意識が最も高く,「5．ワンルームマンション」で暮らす人においてこの意識が最も低いことが示されたことになる．

④　1サンプルの t 検定

　ノンパラメトリック検定である1サンプルの χ^2 検定と同様に，有効標本の偏りを確認するために有効な分析手法があるので，ここで紹介しておく．ただし，この分析手法は，母集団のデータが正規分布していることを前提に考案されたパラメトリック検定であることを，お断りしておく．
　国勢調査（2005年）によると，このA地域の平均年齢は48.9歳であった．この値を基準として，有効標本の偏りについて，1サンプルの t 検定を用いて確認してみよう．

　①　帰無仮説
　帰無仮説は，「国勢調査の値と，有効標本から得られた値には，差がない」となる．

　②　検定統計量の計算
　SPSSを用いて，検定統計量を計算する．メニューバーより，〈分析→平均の比較→1サンプルの t 検定〉と進み，1サンプルの t 検定の設定ダイアログボックスを開く．検定変数リストに「年齢」を投入し，検定値として48.9を入力する．「OK」ボタンをクリックすると演算が開始され，結果が出力される．

第9章　ノンパラメトリック検定を行う

表9-3　1サンプルのt検定

〈1サンプルの統計量〉

	N	平均値	標準偏差	平均値の標準誤差
年齢	189	57.40	15.658	1.139

〈1サンプルの検定〉

	検査値=48.9					
					差の95％信頼区間	
	t値	自由度	有意確率（両側）	平均値の値	下限	上限
年齢	7.460	188	.000	8.497	6.25	10.74

③　判断

　その結果，表9-3が得られた．有意確率（p値）：.000は0.05未満であるため，帰無仮説は棄却される．したがって，「国勢調査の値と，有効標本から得られた値には，有意な差がある」と判断されることになる．すなわち，有効標本から得られた平均年齢：57.4歳は，国勢調査が示している平均年齢より有意に高い年齢であり，A地域から得られた有効標本は，年齢という観点からみても偏りを有していることに注意して分析を進める必要があることがわかる．

　このようにノンパラメトリック検定を用いると，間隔・比率尺度データとしては得ることができない種類の社会現象も，名義尺度や順序尺度などで測定することによって，分析に用いることができるようなる．本章では原理に立ち入っての説明は省略したが，原理からきちんと理解することをお勧めする．

　本章までの分析手法はすべて，独立変数1つ，従属変数1つの，計2変数の関連の有無について分析するための手法であった．次章では，3変数以上の関連を分析する，多変量解析について説明する．

第10章
多変量解析を行う

●本章のねらい●

　本章では，統計解析ソフトであるSPSSを用いた，多変量解析の分析方法および結果の解釈方法について概説する．我々が目にする社会現象は，複雑な要因が相互に関連し合うことによって生じていることが多い．そのため，ひとつの従属変数に対して複数の独立変数を同時に分析に加えて，それぞれの独立変数が従属変数に対してどの程度影響をおよぼしているかを分析する必要がある．そのための分析手法を，多変量解析と総称する．

　本章では，多変量解析のうち，基本的な分析方法について，SPSSにおける分析の指定の方法と，結果の解釈方法について説明する．

キーワード

多変量解析，重回帰分析，分散共分散分析，ロジスティック回帰分析

① 多変量解析の必要性

　現住地居住年数（現在住んでいる場所に居住している年数）を規定する要因を明らかにすることを例にして，多変量解析について考えてみたい．「現住地居住年数」に影響をおよぼしていると想定できる独立変数としては，年齢，性別，一人暮らしか否かなどの変数を挙げることができる．それぞれの独立変数が従属変数と関連しているか否かを個別に分析することは，これまで学習した範囲の知識でも可能である．年齢と現住地居住年数の関連は，両方とも間隔比率尺度なので，散布図を描き，無相関検定を行うことで分析することができる．性別と現住地居住年数との関連は，性別が2値データであるので，2群の平均値の差の検定（t検定）により分析することができる．一人暮らしか否かも同様に，2群の平均値の差の検定を用いれば，検定可能である．

　20歳の人は，50歳の人に比べて居住年数が相対的に短い可能性が高いのは，分析を待たずして明らかである．では，年齢の影響を一定にそろえた上で，性別や一人暮らしか否かといった変数が居住年数に対してどのような影響をおよぼしているかを検討する場合，どうしたらよいだろうか．このような分析をするためには，多変量解析の力を借りる必要があるのだ．

② 重回帰分析

　それではさっそく，具体的な例題を挙げながら，多変量解析について概説していこう．前章と同様に，A地域で行った調査のデータを用いて分

析する．従属変数は「現住地居住年数」，独立変数は「年齢」「性別」「一人暮らしか否か」である．従属変数が間隔・比率尺度データの場合で，独立変数が間隔・比率尺度データ，または2値データの場合，重回帰分析を用いることができる．

重回帰分析は，回帰式を求めることにより，従属変数の予測値を求めることができるという特徴をもつ分析手法である．2変数間の直線的な関連を予測するためには，散布図において，全データをもっとも代表するように一次直線を引く．換言するとデータの散らばりを一次直線によって代表することにより，独立変数から従属変数を予測することができるようになる．たとえば，$y=2x+5$という一次直線によって代表できるのであれば，xが1増加するごとに，yは2増加することが予想されることになる．このような予測に必要な式（回帰式とよぶ）を，多次元空間上で求めるのが，重回帰分析である．

原理の話はこの程度として，実際の分析方法の解説に移ろう．

① 分析方法

SPSSのメニューバーより，〈分析→回帰→線型〉と進み，設定ダイアログボックスを開く．従属変数には「現住地居住年数」を投入し，独立変数には「年齢」「性別」「一人暮らしか否か」を投入する．「OK」ボタンをクリックすると演算が開始され，結果が出力される．

② 分析結果の読み方

重回帰分析では，「モデル要約」「分散分析」「係数」という3種類の表が出力される（表10-1）．

最初に読まなければならないのは，「分散分析」表である．この表は，「分析に用いた全ての独立変数が従属変数に与える影響は0（ゼロ）である」という帰無仮説に基づいて，検定統計量（F値）を計算し，有意確率

第10章　多変量解析を行う

表10-1　重回帰分析

〈モデル要約〉

モデル	R	R2乗	調整済みR2乗	標準偏差推定値の誤差
1	.571[a]	.326	.315	20.184

＊(a) 予測値：(定数)，一人暮らしか否か，年齢，性別．

〈分散分析[(b)]〉

モデル		平方和（分散成分）	自由度	平均平方	F値	有意確率
1	回帰	36081.250	3	12027.083	29.522	.000[a]
	残差（分散分析）	74553.103	183	407.394		
	合計（ピボットテーブル）	110634.353	186			

＊(a) 予測値：(定数)，一人暮らしか否か，年齢，性別．
　(b) 従属変数：現住地居住年数．

〈係数[(a)]〉

モデル		標準化されていない係数		標準化係数	t値	有意確率
		B	標準偏差誤差	ベータ		
1	(定数)	−20.057	7.962		−2.519	.013
	年齢	.752	.098	.484	7.648	.000
	性別	3.071	3.188	.062	.954	.337
	一人暮らしか否か	−11.887	3.263	−.237	−3.644	.000

＊(a) 従属変数：現住地居住年数．

（p値）を求めることによって作成されている．表10-1に示した「分散分析」表より，p値＝.000であり0.05よりも小さな値を示していることから，検定統計量（F値）は大きな値を示している，すなわち帰無仮説を棄却することができると5％の危険率で判断できることがわかる．したがって，「分析に用いた全ての独立変数が従属変数に与える影響は0（ゼロ）ではない」と判断できることから，個別の独立変数の分析へと進むことにする．反対に，帰無仮説が採択された場合には，個別の独立変数の分析へと進むことはできないので，注意が必要である．

次に，「係数」の表を読む．この表は，各々の「独立変数が従属変数に与える影響は0（ゼロ）である」という帰無仮説に基づいて，検定統計量（t値）を計算し，有意確率（p値）を求めることによって作成されている．

表10-1に示した「係数」表より,「年齢」「一人暮らしか否か」「定数」については有意な影響をもつものの,「性別」については統計的に有意な水準（5％）に達していないことがわかる.

そこで,有意な水準に達した「年齢」「一人暮らしか否か」と「定数」を用いて,従属変数を予測するために用いる回帰式を求めてみる.そのために必要な係数が「非標準化偏回帰係数（B）」であり,回帰式は下記の通りとなる.

現住地居住年数
= 0.752 ×「年齢」− 11.887 ×「一人暮らしか否か」− 20.057

すなわち,年齢が1歳高いほど現住地居住年数は0.752年長くなり,一人暮らしの場合はそうでない場合に比べて現住地居住年数は11.887年短くなると予測されることがわかる.次に知りたいのは,これら2つの独立変数のうち,どちらの方が従属変数に対してより大きな影響を与えているといえるかという点である.そのために必要な係数が「標準化偏回帰係数（ベータ：β）」である.βは,絶対値により影響の大きさを,±の符号により影響の方向を示している.表より,年齢については0.484,「一人暮らしか否か」については−0.237であったことから,年齢の方が強い正の影響をおよぼしていることがわかる.

これら2つの表から,現住地居住年数は,年齢と一人暮らしか否かという2種類の独立変数から説明されることがわかった.では,一体どの程度説明されているのだろうか.その情報を示す数値は「モデル要約」表に記載されている.R2乗値（R^2値：決定係数）は,分析に用いた独立変数によって,従属変数がどの程度説明されているか,その割合を示している.表より,R^2値＝.326であったことから,「年齢」と「一人暮らしか否か」という2変数によって,現住地居住年数の32.6％が説明されていると解釈することができる.ちなみに,Rは重相関係数であり,回帰式から求め

られた予測値と実際の値との相関係数を示している．

このように，重回帰分析の出力結果の読み方は，やや煩雑であるが，それぞれの表が意味しているところを，整理して理解しておくことが，肝要である．

③ 分散共分散分析

重回帰分析は，従属変数を予測することができるという便利な分析手法である．しかしながら，従属変数は間隔・比率尺度データに限定され，また独立変数も間隔・比率尺度と2値データに限定されるという制限があった．社会調査で収集されるデータは，主に名義尺度と順序尺度で構成されていることが多い．となると，重回帰分析における独立変数として用いることができない場合が多いことになる．

従属変数が間隔・比率尺度データに限定されるという点では重回帰分析と同じであるが，独立変数として，名義尺度，順序尺度，間隔・比率尺度，2値データの全種類を用いることができる多変量解析の手法がある．分散分析である．ここでは，共分散分析を伴う，分散共分散分析について概要を説明する．

再度，現住地居住年数を従属変数とする例題を用いる．独立変数としては，さらに2変数追加してみよう．この調査では「自分の住んでいる地域に，誇りや愛着のようなものを感じている」か否かについて，「1．そう思う」から「5．そう思わない」までの5件法にて回答を求めた．この設問から得られたデータは，順序尺度データである．これを「地域への誇りや愛着」と呼ぶことにする．もうひとつ，名義尺度である「住居の種類」も加えてみる．

① 分析方法

統計解析ソフトであるSPSSは,演算可能な分析手法のほとんどがプルダウンメニューから操作できる.しかしながら,プルダウンメニューからは操作ができず,シンタックスを書くことによって操作する分析手法もある.残念ながら,分散共分散分析もそのひとつである.メニューバーから＜ファイル→新規作成→シンタックス＞と進み,シンタックスウインドを開くことからはじめよう.

シンタックスとは命令文であり,下記の例に倣ってシンタックスを入力する.

ANOVA VARIABLES = 現住地居住歴 BY 性別 (1, 2) 独居 (0, 1)
誇りや愛着 (1, 5) 住居の種類 (1, 5) WITH 年齢
/COVARIATES = FIRST
/METHOD = HIERARCHICAL
/STATISTICS = MCA REG.

BYの前には従属変数の変数名を記入する.BYの後ろには,独立変数の変数名を記入する.独立変数のうち,名義尺度または順序尺度はWITHよりも前に変数名を記入し,( )内に最小値と最大値を半角カンマ (,) で区切って記入する.間隔・比率尺度についてはWITHの後ろに,その変数名を記入する.なお,WITHの後ろに記入した変数は,共変量とよばれる.これら5行のシンタックスを選んで,実行すると,出力結果が得られる(表10-2).

② 分析結果の読み方

最初に,分散分析表を読む.共変量として指定した年齢については,有意確率(p値)が.000であり0.05より小さな値であるので,従属変数に対して影響がないという帰無仮説が棄却され,有意な影響をもつことがわ

第10章 多変量解析を行う

表10-2 分散共分散分析

〈分散分析表[a], [b], [c]〉

			階層的な方法					
			平方和	自由度	平均平方	F値	有意確率	回帰係数
現住地居住年数	共変量	年齢	27872.535	1	27872.535	104.344	.000	.808
	主効果	(結合された)	30995.535	10	3099.554	11.604	.000	
		性別	40.632	1	40.632	.152	.697	
		一人暮らしか否か	4907.475	1	4907.475	18.372	.000	
		地域への誇りや愛着	2618.370	4	654.593	2.451	.048	
		住居の種類	23429.058	4	5857.265	21.927	.000	
	モデル		58868.070	11	5351.643	20.035	.000	
	残差		42205.083	158	267.121			
	合計		101073.153	169	598.066			

* [a] 年齢をともなう性別, 一人暮らしか否か, 地域への誇りや愛着, 住居の種類による現住地居住年数.
  [b] 最初に共変量を投入.
  [c] 空白のセルや特異行列のために, 高次の交互作用が抑制されている.

〈MCA[a]〉

				予測平均		偏差	
			度数	調整済みでない	因子と共変量に対して調整済み	調整済みでない	因子と共変量に対して調整済み
現住地居住年数	性別	男性	97	24.21	22.16	2.077	.026
		女性	73	19.37	22.09	-2.760	-.035
	一人暮らしか否か	0	105	28.61	24.73	6.480	2.604
		1	65	11.66	17.92	-10.648	-4.207
	地域への誇りや愛着	そう思う	89	28.90	24.61	6.769	2.482
		まあそう思う	64	16.50	20.67	-5.629	-1.457
		どちらともいえない	6	11.00	14.92	-11.129	-7.208
		あまりそう思わない	7	9.14	14.55	-12.987	-7.582
		そう思わない	4	1.00	14.29	-21.129	-7.843
	住居の種類	ファミリータイプのマンション	50	9.92	9.46	-12.209	-12.667
		ワンルームマンション	28	2.00	16.53	-20.129	-5.603
		店舗併用型ビル	50	42.68	36.84	20.551	14.711
		戸建住宅	17	43.00	39.49	20.871	17.359
		複合型マンション	25	13.80	12.51	-8.329	-9.618

* [a] 年齢をともなう性別, 一人暮らしか否か, 地域への誇りや愛着, 住居の種類による現住地住居年数.

〈因子の要約[a]〉

			ベータ
		イータ	因子と共変量に対して調整済み
現住地居住年数	性別	.098	.001
	一人暮らしか否か	.338	.136
	地域への誇りや愛着	.312	.128
	住居の種類	.697	.518

* [a] 年齢をともなう性別, 一人暮らし否か, 地域への誇りや愛着, 住居の種類による現住地住居年数.

〈モデルの適合度〉

	因子と共変量	
	R	R 2乗
年齢をともなう性別, 一人暮らしか否か, 地域への誇りや愛着, 住居の種類による現住地住居年数	.783	.582

かる．年齢の影響を一定にしたうえで，性別，一人暮らしか否か，地域への誇りや愛着，住居の種類という4つの独立変数がそれぞれ有意な影響をもつか否かを分析した結果が，主効果として記載されている．有意確率（p値）をみると，性別以外の3変数がそれぞれ有意な影響をもつことがわかる．

　一人暮らしか否か，地域への誇りや愛着，住居の種類の3変数が有意な影響をもつことがわかったものの，一人暮らしの方が現住地居住年数が長いのか短いのか，地域への誇りや愛着をもつ人の方が長いのか短いのかについては，分散分析表ではわからない．それを示すためには，交互作用項を含めた多群の平均値の比較，もしくはMCA（Multiple Classification Analysis：多重分類分析）が必要となる．表10-2のように有意な交互作用効果がみられなかった場合には，MCAを用いることができる．

　MCA表中の「予測平均（因子と共変量に対して調整済み）」の値に着目する．これは，共変量の影響および分析に用いた他の独立変数の影響を除いて予測した平均値を示している．すなわち，年齢の影響を取り除いたとしても，一人暮らしか否かは現住地居住年数に影響を与えており，一人暮らしのひとは現住地居住年数の予測平均値が17.92年と，一人暮らしでないひとの24.73年よりも短いことがわかるのである．また，地域への誇りや愛着がある（そう思う，まあそう思うと回答したひと）では24.61年，20.67年と長いこと，そして住居の種類については，店舗併用型ビル，戸建住宅において居住年数が長く，ファミリータイプのマンションにおいて最も短いことがわかる．このように，MCAを用いると，独立変数の選択肢ごとに従属変数の予測平均値を求めることができるのである．

　さらに，各独立変数が従属変数に与えている影響の強弱の比較を行う場合には，「因子の要約」表を用いる．ベータは重回帰分析で説明した「標準化偏回帰係数」である．影響力の大きさを絶対値が，±の符号が影響の向きを示している．イータ値は，直線関係を前提としない点がベータ値とは異なるが，表している意味はベータと同様と解釈してよい．表中の値を

みると，従属変数に対して有意な影響をもっていた3つの独立変数の中では，住居の種類が最も大きな影響をもっていることがわかる．

「モデルの適合度」表に示されているRとR2乗値は，重回帰分析で説明した重相関係数と決定係数と同じである．年齢および一人暮らしか否か，地域への誇りや愛着，住居の種類によって，現住地居住年数の58.2%が説明されていることがわかる．

④ ロジスティック回帰分析

分散共分散分析を駆使すると，独立変数には，名義尺度，順序尺度，間隔・比率尺度，2値データのすべてを用いることができることがわかった．しかしながら，分散共分散分析においても従属変数は間隔・比率尺度でなければならないという制限からは逃れられないため，社会科学のデータ解析においては不便な局面も少なくない．従属変数にも，すべての種類のデータを使うことができる分析方法があれば万能であるが，残念ながら存在しない．

そこで，発想の転換が必要となる．データをそのまま使うのではなく，加工すればよいのだ．間隔・比率尺度から，間隔という情報を落とせば順序尺度となった．順序尺度から，順序という情報を落とせば名義尺度となった．名義尺度がもつ情報は「区別」のみなので，実は，0と1という2値データで表すことができる．たとえば「性別」は「0．男性」「1．女性」のように表すことができるし，住居の種類は，A「1．ファミリータイプのマンション」「0．それ以外」，B「1．ワンルームマンション」「0．それ以外」，C「1．店舗併用型ビル」「0．それ以外」，D「1．戸建住宅」「0．それ以外」というA〜Dという4つの2値データに分割して表すことができる．A〜Dの全てが0の場合が，複合型マンションに

該当するため，もとの名義尺度の選択肢の数から1引いた数の2値データで表現することができるのである．

ということは，2値データを従属変数として用いることができる多変量解析の手法を身につければ，万能に近いことになる．それが，ロジスティック回帰分析である．回帰分析の一種なので，従属変数の予測ももちろんできるし，各独立変数の従属変数に与える影響力の比較も可能である．

① 分析方法

まず，従属変数である現住地居住年数を2値データに変換する．ここでは，5年以上を1，5年未満を0とした．独立変数には，「年齢」「性別」「一人暮らしか否か」を用いることにする．メニューバーから，〈分析→回帰→二項ロジスティック〉と選び，ロジスティック回帰分析の設定ダイアログボックスを開く．従属変数には，2値データに変換した現住地居住年数を入れる．共変量には，「年齢」「性別」「一人暮らしか否か」という3つの独立変数を入れる．そして〈カテゴリ〉をクリックする．

すると「カテゴリ変数の定義」ダイアログボックスが現れる．独立変数の内，間隔・比率尺度は共変量のボックスに残し，それ以外は「カテゴリ共変量」ボックスに入れる．対比の変更を適宜指定する必要があるが，これについては後述する．できたら，〈続行→OK〉とクリックすると，計算結果が出力される．

② 分析結果の読み方

ロジスティック回帰分析の結果は，複数の表となって出力されるが，その中から解釈に必要な表だけを抜き出し，表10-3として示した．

前述した通り，名義尺度は2値データで表すことができる．性別について「1．男性」「2．女性」という値で得られているが，男性を0，女性を1として2値データで表現している．選択肢が3つ以上ある場合でも同

第10章　多変量解析を行う

表10-3　ロジスティック回帰分析

〈カテゴリ変数のコーディング〉

		周波数	パラメータコーディング (1)
一人暮らしか否か	0	117	.000
	1	70	1.000
性別	男性	108	.000
	女性	78	1.000

〈モデル要約〉

ステップ	−2対数尤度	Cox-Snell R 2乗	Nagelkerke R 2乗
1	142.607[a]	.306	.452

＊(a) パラメータ推定値の変化が.001未満であるため，反復回数6で推定が打ち切られた．

〈方程式中の変数〉

		B	標準誤差	Wald	自由度	有意確率	Exp(B)
ステップ1[a]	年齢	.102	.018	30.755	1	.000	1.108
	性別(1)	1.254	.503	6.221	1	.013	3.503
	一人暮らしか否か(1)	−1.392	.448	9.655	1	.002	.249
	定数	−4.172	1.041	16.073	1	.000	.015

＊(a) ステップ1：投入された変数Q2, Q3, G18-1.

様に，自動的に0と1の2値データでコードを振り直してくれる．どのように振り直したのか，その指定を表したのが「カテゴリ変数のコーディング」表である．

　各独立変数が従属変数に対して有意な影響をもっているか否かについて検定した結果が，「方程式中の変数」に示されている．有意確率（p値）をみると，年齢，性別，一人暮らしか否かが有意な影響を示している．

　重回帰分析における，非標準化偏回帰係数のように，従属変数を予測するための係数はExp(B)が表している．これはオッズ比であり，従属変数が1となる確率／（1−従属変数が1となる確率），で表される．したがって，年齢については，年齢が1歳高くなると現住地居住年数が5年以上となる確率は0.108増える（1.108−1＝0.108），すなわち10.8％増加する

と解釈できる．同様に，性別については，男性に比べて女性では現住地居住年数が5年以上となる確率が3.503倍高く，一人暮らしの人はそうでない人に比べて，現住地居住年数が5年以上となる確率が75.1％減少する（1－0.249＝0.751）ことがわかる．

　このようにロジスティック回帰分析を駆使できるようになると，従属変数として測定した事象が生じる可能性が○○％増加する（もしくは減少する）というように，予測することができるようになる．たとえば，喫煙により肺がんに罹患するリスクが○○％増加するという指摘は，疫学的なデータをロジスティック回帰分析によって分析することによって導き出した知見であり，ロジスティック回帰分析は医学・疫学・健康科学などの分野において頻繁に用いられている．もちろん，社会科学の分野においても頻繁に用いられている．たとえば，「ある人が幸福な友人をもつと，その人が幸福になる可能性は約9％増大する．不幸な友人をもった場合は，幸福になる可能性が約7％減少する」（クリスタキス＆ファウラー，2010：72-73）といった分析も，明記はされていないが，ロジスティック回帰分析によって得られた知見だと思われる．ロジスティック回帰分析は，応用範囲の広い分析手法であるので，是非身につけていただきたい．

第11章
科学的研究の方法

●本章のねらい●

　「私が何に対して関心をもち，何を知りたいと思っているのか，それを教えてください」という学生さんの素朴な質問がたびたび寄せられる．そのたびに「残念ながらあなたの頭の中は覗くことができないので，わかりません」と答えることにしている．なぜ，自分の関心が明確にならないのだろうか．それは，自分が知りたいと思うことを知るための方法論がわからないからなのではないだろうか．知りたいことを明確にして，それを調べるためには，どのようにすればよいか，考えてみよう．

キーワード

帰納法，演繹法，仮説，報告書

第11章 科学的研究の方法

① 具体的な世界と抽象的な世界の往還

（1）観察から経験的一般化へ

　科学的な研究の思考過程について，ウォレスは図11-1のようにまとめている（Wallace, 1971）．説明に使用されている用語が，一見難解に見えるため，とても高度な思考方法であるかのように感じる方も少なくないようである．ところが，実は，我々は日常生活において，この思考過程と同じような思考過程を用いているのである．以下で，具体例を挙げながら説明してみたい．

　我々が日常生活の中で頻繁に行っている「科学的な研究の思考過程」は，「観察から経験的一般化」までである．実際の科学的な研究の第一歩も，ここから始まる．

　大学生活がスタートした年度当初，勝手が分からないので，とりあえずは遅刻しないように，始業のベルが鳴る前に教室に到着していたA君．1ヶ月もすると，B先生はいつも始業のベルがなってから約5分後に教壇に現れるとか，C先生は始業のベルと同時に授業が始まるといったことに気がつき始める．もうしばらく時が過ぎると，始業のベルが鳴ってから教壇に現れる先生には専門の授業の先生が多く，語学や一般教養の授業を担当される先生には，始業のベルと同時に授業を始める先生が多い，などとA君は考えるようになった．

　このようなA君の推測は，観察と経験的一般化に相当する．観察とは「B先生はいつも始業のベルがなってから約5分後に教壇に現れる」のように，固有名詞とともに事象を把握することをさす．それに対して，経験的一般化とは，固有名詞ではなく，「始業のベルが鳴ってから教壇に現れる先生には専門の授業の先生が多い」などというように属性とともに事象

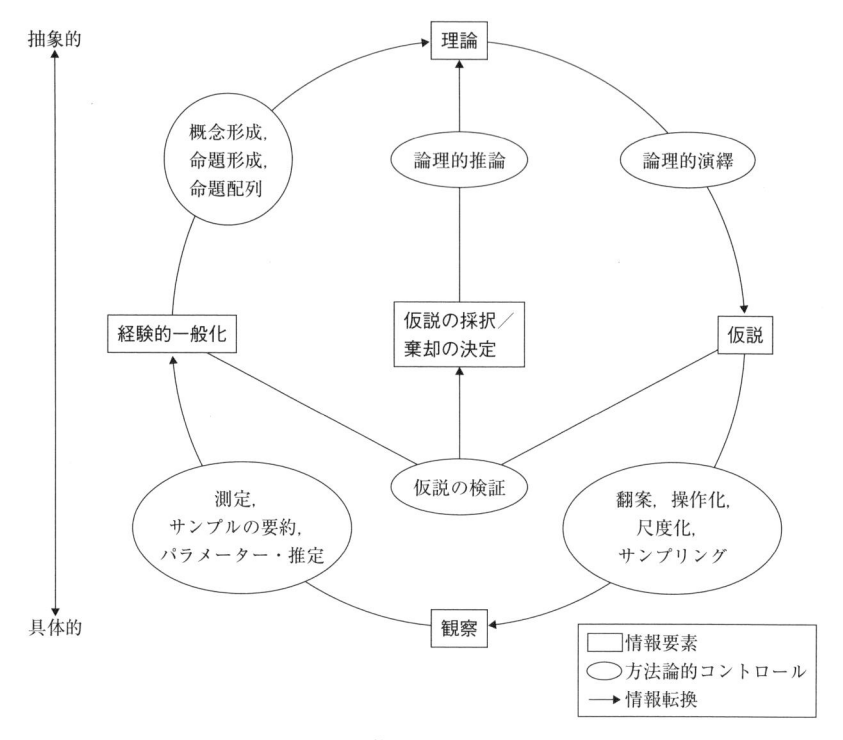

図11-1　科学的研究の思考過程
（注）Wallace（1971：18, 23）より構成.

を把握することをさすのである．

　そう考えると，我々は，日常生活世界において，毎日いろいろな事象について観察を行っていることがわかる．そして，「3丁目の角を曲がるときには，自動車に気をつけないと危ない」というような，固有名詞とともに事象を把握している．そのような観察を積み重ねているうちに，「3丁目の角だけではなく，コンビニなどの商店がある角は，交通量が多いので気をつけないと危ない」というように，自らの経験を一般化し，固有名詞から切り離し，もう一段階抽象度が高い属性などとともに事象を把握するようになる．

　観察から経験的一般化へと，なぜ抽象度を上げるのであろうか．それは，

固有名詞とともに事象を把握しているレベルでは,予測ができないからである.「3丁目の角だけではなく,コンビニなどの商店がある角」と捉えることにより,今まで訪れたことのない街に出かけたときも,自動車とぶつかることなく歩くことができるようになるのである.

(2) 経験的一般化から理論へ

ひとりの個人が見聞きし,経験できる事象は,きわめて限定されている.そのため,経験的一般化のみに頼っていては,社会で生じている事象をうまく捉えることができない.そこで私たちは,他者の経験から学ぶのである.

他者の経験は,音声としての他者の言葉を通して,また書き記された文字としての他者の言葉を通して,学ぶことができる.教室で授業を受けたり,先行研究をレビュー(review)する必要があるのは,このためである.

こうして,多くの人の経験から敷衍して「理論」が形成される.注意していただきたいのは,ここでいう「理論」とは,「太陽は東からのぼり西に沈む」というような公理(自明の真理)や定理(公理を下に証明された問題)とは異なる,という点である.ここでいう「理論」とは,多くの人の経験から敷衍してつくられた,確からしい仮説のことである.

このようにして高度に抽象度を上げると,自らはまったく経験したことがない事象や現実に対しても予測が行えるようになる.逆に言うと,予測が可能となるように抽象度を上げて考える必要があるのである.現実の日常生活世界から離れて,抽象的な議論をするのは苦手だ,などと毛嫌いせず,抽象度を上げて考えるトレーニングを積んでおきたい.

(3) 理論から仮説へ

「理論」構築ができたならば,次は,それが現実に適応可能であるか否かをチェックする,すなわち実証する段階となる.しかしながら,「理論」は抽象度が高いがために,具体性に欠けており,いきなり現実に当てはめ

ることはできない．序章において，「弱い紐帯が強い力を発揮する」ことを指摘した．この「理論」も抽象度が高いため，そのままでは現実の日常生活世界を説明することはできない．そのために，理論が真であるとするならば，現実は，どのように観察されることになると仮定できるかを想定する必要がある．それを示した言説が，仮説である．

「弱い紐帯が強い力を発揮する」という理論が真であると仮定する．サークル活動や部活動の場面を想定したとき，「サークル」という大集団の中に，「仲良しグループ」という小集団が複数存在することがわかる．小集団内は互いが「仲良し」であるから，強い紐帯で結びついている．小集団Aに属するA1さんと，小集団Bに属するB1さんが，同じ学科ということもあり「仲良し」というほど強くはない，つまりは弱い紐帯があったとする．そのような弱い紐帯が小集団Aと小集団Bを結びつけているために，「サークル」という大集団が「集団」としての体をなしているのである．

ということは，「小集団同士を結びつける弱い紐帯の多寡によって，大集団の集団としての凝集性が異なる」ことになる．これが，仮説である．ただし，ここでの「仮説」は，調査・研究を遂行する上で必要な「対立仮説」であり，統計的検定を行う際に立てる「帰無仮説」とは異なる概念であることに，注意していただきたい．

（4）仮説から観察へ

この仮説を明瞭に意識しつつ，日常生活世界を再び観察してみよう．たとえば，自分が所属しているサークルの活動を観察したとする．複数の「仲良しグループ」という小集団が観察できるか．それぞれの小集団を結びつけている構成員を見いだすことができるか．その構成員同士の「弱い紐帯」とは，どのようなものか．仮説が指し示すように現実が構築されているのか，それとも仮説と現実は異なっているのか，その判断ができるように現実を観察する．

このようにして，(1)から(4)のプロセスを複数回経ることにより，「理論」が精緻化されていく．そのようにして構築された「理論」を，私たちは，先行研究や授業を通して学んでいるのである．「理論」は公理や定理とは異なり，確からしい仮説であると述べたのは，このような意味からである．

② 仮説検証

(1) 仮説の採否の検討
　仮説を明瞭に意識しつつ，日常生活世界を観察する，と述べた．このとき，仮説が支持された，もしくは支持されなかったと判断する必要が出てくるが，いったいどのように判断すればよいのだろうか．

　標本調査の場合，統計的検定という手続きを経ることによって，帰無仮説の採否については共通の基準で判断することができる．なぜ，「帰無仮説の採否については」という限定条件を付けたのかについては，後述する．

　一方，質的調査の場合，仮説の採否の判断は標本調査よりも，さらに複雑な判断が必要となる．たとえば，グラウンデッド・セオリー・アプローチの場合は，「理論的飽和」という概念を用いて，仮説の採否の判断を行っている．「理論的飽和」は難しい概念であるが，敢えて単純化して説明するならば，「想定される全てのタイプの対象からデータを集めたとき，仮説を支持しないデータが得られなかった状態」をさす．詳しくは，木下 (1999, 2003) などを参照していただきたい．

(2) 論理的推論
　標本調査の場合，調査母集団については統計的検定という手続きを経ることによって，帰無仮説の採否を判断することができた．しかしながら，

研究対象としていたのは目標母集団であり，調査母集団について得られた情報を用いて，目標母集団について検討するためには，論理的な推論が必要である．この論理的推論を行うためには，第1章で述べた通り社会学をはじめとした社会科学の知識が必要となる．統計学の知識だけでは，標本調査を行うことができない理由はここにある．

　質的調査の場合も，得られた知見をどの程度一般化することができるかについては，論理的推論が必要となる．過度に一般化を図ると「誇大理論」と批判されることになり，かといって特殊なケースとして報告すると，ジャーナリスティックであると批判されることになる．標本調査，質的調査ともに，論理的推論が必要不可欠であり，また難しいところでもある．その点については本書がカバーすべき範囲を大きく逸脱するので，ここまでとするが，指導教員と相談しつつ，勉強を積み重ねていただきたい．

③　知りたいことを明確にするために——仮説の立て方

（1）仮説は3種のコンテンツから成る

　科学的な研究の思考過程において，実証してみたい「理論」に出会うことができた，すなわち，知りたいことができたならば，次に必要なステップは，仮説（対立仮説）を立てることである．仮説とは，次の3種類のコンテンツ（内容）から成る．

- ⓐ　独立変数（原因）と従属変数（結果）を明示する
- ⓑ　独立変数と従属変数の共変関係を想定する
- ⓒ　このような関連を想定した理由

　序章でとりあげた例を再び用いて，説明しよう．「小集団同士を結びつ

ける弱い紐帯の多寡によって，大集団の集団としての凝集性が異なる」という仮説をたてた．これが⑧に相当するコンテンツである．「弱い紐帯の多寡」が独立変数，すなわち原因となって，「集団としての凝集性」が従属変数，すなわち結果となるという因果関係を想定し，このような因果関係が支持されるか否かを検証するために調査を行う，という計画をたてたことになる．

ただし，この段階のままで調査を企画し実施すると，分析過程において，自分が何を明らかにしようとしていたのか，分からなくなることが多い．なぜか．「弱い紐帯」が多いと「集団としての凝集性」が高くなるのか，それとも逆なのか．どちらの関係を支持する結果が得られたときに，自分の仮説が支持されたといえるのかが，不明瞭だからである．

したがって，⑥のコンテンツが必要となる．すなわち，「弱い紐帯が多いほど，集団としての凝集性は高い」というように，想定する共変関係をきちんと記述しておくことが肝要なのである．

それだけではない．「弱い紐帯が多いほど，集団としての凝集性が低い」「紐帯の多寡と集団としての凝集性は関連がない」という他の選択肢もある中で，なぜ「弱い紐帯が多いほど，集団としての凝集性は高い」という共変関係が成立すると考えたのか，その理由を明確に記述してく必要がある．これが⑥のコンテンツに相当する．対立仮説をたてる際に⑥を怠ると，後述するように，報告書を書く際に，考察を書くことができなくて苦しむことになるから，注意されたい．

（2）仮説をつくる練習

仮説を構成する3つのコンテンツがわかったところで，次に，実際に仮説をつくる練習を行ってみたい．仮説とは何かがわかることと，仮説をつくることができることは，別次元の問題であり，実際に仮説をつくることができなければ，調査はできないのだから，練習は必須である．

まずはじめに行うのは，「気になることを，順不同に，書き出す」こと

である．日常生活世界で疑問に思っていることや，怒りを感じたことなどを，順不同でかまわないので，複数書き出す．

「なにも思いつかない」と苦し紛れに書いたとしよう．では，周りをみてみよう（そう，まずは観察からスタートするのだ）．なんだかすらすらと，いろいろなことを書き出している人もいるようだ．ということは，「気になることを書き出すことができる人」と「気になることを書き出すことができない人」がいることがわかる（これが，経験的一般化だった）．

「気になることを書き出すことができる人と，そうでない人がいる」という気づきは，因果関係の結果にあたるので，調査の場合は，従属変数に相当する．では，書き出すことができる人はどのような人で，できない人はどのような人なのか．もう少し観察を続けてみよう．そういえば，ブログを書いていたり，twitterでつぶやいている人は，気になることを書き出すことができているようだ，と気づいたとしよう．すると，「ブログ利用によって，関心のもちかたが異なる」という仮説のⓐのコンテンツがみつかったことになる．

ブログ利用を独立変数，関心のもちかたを従属変数とするとなると，両変数間にはどのような共変関係が想定できるか．論理的に想定可能な全ての共変関係を挙げ，そのなかから，自分がどの立場に立つのかを明確にする．これで，仮説のⓑとⓒのコンテンツも満たすことができるようになる．

このように，仮説をつくる練習とは，ものごとを「因果関係」で考える練習と同じことなのである．

④　わからないことを明確にするために——報告書の書き方

（1）報告書は4種のコンテンツから成る

仮説が立てられたならば，調査によってデータを集め，仮説検証のため

の分析へと進むことになる．仮説検証の作業がある程度進んだ段階で，中間報告書を書くことをお勧めする．すると，自分のこれまでの研究によって，どこまでがわかり，どこからが未だにわからないのかがはっきりするようになる．

中間報告に限らず，報告書は，以下の4種のコンテンツから成る．

- ⓐ　はじめに：目的，仮説
- ⓑ　方法：調査の方法，標本抽出の方法，変数による測定の方法
- ⓒ　結果：グラフ，表，解説
- ⓓ　考察：仮説は支持されたか否か

「はじめに」には，研究および調査の目的を書く．我々は，調査企画に先立って，3種のコンテンツから構成された仮説をたてていた．どのような因果関係について，どのような共変関係を，なぜ想定しているかは，仮説の中に明記されている．それらを活用して，この部分を書けばよい．つまり，3種のコンテンツから構成された仮説を立てた段階で，すでに報告書の「はじめに」の部分は，書くことができるのである．

（2）方法と結果

「方法」には，調査の方法，標本抽出の方法，変数による測定の方法などを記載する．調査を，戸別訪問面接調査で行ったのか，郵送調査で行ったのか，留め置き調査で行ったのか．標本抽出の方法として，層化多段無作為抽出法を行ったのか，割当法を行ったのか．これらの情報は，必ず明記する必要がある．また，分析を行う過程で，値の再割当などを行ったり，複数の変数から新しい合成変数をつくったりした場合，それについても，どのような手続きをとったか明確に記載する必要がある．

このような細かな記載は，なぜ必要なのか．それは，追試の可能性を確保するためである．報告書の読者が，同じ調査を企画し実施した場合，同

じ結果が得られるのか，それとも異なる結果が得られるのか．そのような追試を積み重ねることで，仮説の確からしさが増していくからなのである．

「結果」には，分析結果をわかりやすく記載する．わかりやすくするためには，表やグラフを用いて記載した方がよい．だからといって，表を載せれば，文章が要らないというわけではない．表には何が記載されているのか．表をどのように読むのか，きちんと説明する必要がある．また，統計的検定の結果についても，必要な情報を提示する必要がある．

この「結果」の部分には，自分の解釈を入れないことが重要である．「有意な正の相関関係が見られた」「2変数間の関連は，統計的に有意な水準に達していなかった」など，あくまで「結果」を提示するにとどめなければならない．「有意な正の相関関係が見られた」ことが，調査に先立って立てていた仮説を支持することになるか否かといった，分析者の解釈については，次の「考察」に書くべきなのである．

(3) 考察

「結果」にまとめた情報から，「はじめに」に記載した目的と仮説について，どのようなことがいえるのかを記載するのが「考察」である．調査に先立って立てていた仮説が支持されたと考えられるのか否か．支持されたと考えられるならば，これまでの先行研究とも合わせてどのようなことがいえるのかを，さらに深めて論述したい．

一方，仮説が支持されなかった場合，なぜ支持されなかったかを考え，論述すればよい．調査の方法がまずかったのか，共変関係の想定が間違っていたのか，なぜ間違えたのか．次の調査に繋げるためには，どのような仮説が想定できるか，など．書くべき内容は豊富にある．

このように，報告書を書いてみると，自分のこれまでの研究によって，どこまでがわかり，どこからが未だにわからないのかがはっきりするようになる．中間報告として，まず報告書を書いてみることを勧めた理由は，ここにある．もちろん，最終的な研究成果物としての報告書や論文を書か

なければならないことは当然だが，中間報告を省略していきなり最終的な成果物を生み出すことは難しいのである．

復習問題

1．ウォレスの科学的研究の思考過程について，図を用いて説明しなさい．
2．仮説検証の方法について，質的調査と量的調査の両方について，説明しなさい．
3．仮説（対立仮説）の立て方について，説明しなさい．
4．報告書は4種のコンテンツから構成されるのが一般的である．4種のコンテンツのそれぞれについて説明しなさい．

終　章
標本調査の実査にむけて

---●本章のねらい●---

　前章までで，標本調査の企画から統計的検定まで，そして，標本調査の企画前に行うべき仮説の立て方，また統計的検定の後に行うべき報告書の書き方までを解説した．本章では，これまで説明してきたことを，ポイントを絞ってまとめ，本書を終えることにしたい．

終　章　標本調査の実査にむけて

①　社会調査とはどのような試みか

　社会調査とは,「社会」という手で掴むことも,目で見ることもできないものを描き出すための試みである．序章を思い出していただきたい．「社会関係の網」という,手で掴むことも目で見ることもできないけれども,確かに社会に存在し,それを知ることが私たちにとって必要不可欠なことがらを描き出す試み,それが社会調査であった．したがって社会調査は,簡単なものであるはずがない．決まったフォーマットがあって,それに則って,機械的に処理すれば,報告書までが簡単に出来上がる,などと思ってもらっては困るのである．それぞれの社会調査を企画し,データを集め,分析し,報告書を書くまでの,全ての作業において創意工夫が求められる．

　そのような創意工夫を行うためには,根幹をしっかりとおさえておくことが肝要である．社会調査の根幹を学ぶひとつの方法が,標本調査について学ぶことである．第1章で説明した標本調査の方法をよく理解し,他の種類の調査にも応用してほしい．

②　数量的分析とはどのような試みか

　男性や女性,高齢者,若者といった「集団」の特徴を「数値で示す」のが数量的分析の第一歩である．集団の特徴を,どのような数値で示せば良いかを,十分に理解することが必要である．表を作って丸暗記,といった方法をとらず,なぜそのように考えるのか,その考え方を含めて,きちん

と理解することが重要である．

　統計的検定についても，同様の「理解方法」が必要である．統計解析ソフトが計算してくれた p 値が 0.05 未満であれば帰無仮説を棄却する，と機械的に覚えることが重要なのではない．p 値がどのような意味を持つ数値であり，なぜ「0.05」という値を基準として判断するのか．その意味を理解する必要がある．したがって本書では，第 2 章から第 8 章という膨大な記述を，その説明に割いた．理解を深めていただければ，幸いである．

③　社会調査に必要な発想法とはどのようなものか

　とはいえ，サンプリングや統計的検定など，社会調査に必要なさまざまな技法について理解したとしても，それだけでは，社会調査を開始することはできない．社会調査という試みによって「何を」描き出したいのか．それが明確でないと，調査は開始できないのである．社会調査に必要な発想方法について，第 11 章において解説した．

　以上で，知っておくべき知識・技術についての解説は終了である．自分に対して，自分を取り囲む他者に対して，そして，自分とは直接つながりはないかもしれないけれども，地球環境という同一の資源を介して間接的につながっている他者に対して関心を持ち，数量的な社会調査に取り組もうという方々のために，少しでも役立つことを願って，本書を終えよう．

付　　表

付表1　標準正規分布表
付表2　t分布表
付表3　カイ二乗分布表

付表 1　標準正規分布表：標準正規分布において 0 から z の間の値が生起する確率
（面積：p）

z	.00	.01	.02	.03	.04	.05	.06	.07	.08	.09
0.0	.0000	.0040	.0080	.0120	.0160	.0199	.0239	.0279	.0319	.0359
0.1	.0398	.0438	.0478	.0517	.0557	.0596	.0636	.0675	.0714	.0753
0.2	.0793	.0832	.0871	.0910	.0948	.0987	.1026	.1064	.1103	.1141
0.3	.1179	.1217	.1255	.1293	.1331	.1368	.1406	.1443	.1480	.1517
0.4	.1554	.1591	.1628	.1664	.1700	.1736	.1772	.1808	.1844	.1879
0.5	.1915	.1950	.1985	.2019	.2054	.2088	.2123	.2157	.2190	.2224
0.6	.2257	.2291	.2324	.2357	.2389	.2422	.2454	.2486	.2517	.2549
0.7	.2580	.2611	.2642	.2673	.2704	.2734	.2764	.2794	.2823	.2852
0.8	.2881	.2910	.2939	.2967	.2995	.3023	.3051	.3078	.3106	.3133
0.9	.3159	.3186	.3212	.3238	.3264	.3289	.3315	.3340	.3365	.3389
1.0	.3413	.3438	.3461	.3485	.3508	.3531	.3554	.3577	.3599	.3621
1.1	.3643	.3665	.3686	.3708	.3729	.3749	.3770	.3790	.3810	.3830
1.2	.3849	.3869	.3888	.3907	.3925	.3944	.3962	.3980	.3997	.4015
1.3	.4032	.4049	.4066	.4082	.4099	.4115	.4131	.4147	.4162	.4177
1.4	.4192	.4207	.4222	.4236	.4251	.4265	.4279	.4292	.4306	.4319
1.5	.4332	.4345	.4357	.4370	.4382	.4394	.4406	.4418	.4429	.4441
1.6	.4452	.4463	.4474	.4484	.4495	.4505	.4515	.4525	.4535	.4545
1.7	.4554	.4564	.4573	.4582	.4591	.4599	.4608	.4616	.4625	.4633
1.8	.4641	.4649	.4656	.4664	.4671	.4678	.4686	.4693	.4699	.4706
1.9	.4713	.4719	.4726	.4732	.4738	.4744	.4750	.4756	.4761	.4767
2.0	.4772	.4778	.4783	.4788	.4793	.4798	.4803	.4808	.4812	.4817
2.1	.4821	.4826	.4830	.4834	.4838	.4842	.4846	.4850	.4854	.4857
2.2	.4861	.4864	.4868	.4871	.4875	.4878	.4881	.4884	.4887	.4890
2.3	.4893	.4896	.4898	.4901	.4904	.4906	.4909	.4911	.4913	.4916
2.4	.4918	.4920	.4922	.4925	.4927	.4929	.4931	.4932	.4934	.4936
2.5	.4938	.4940	.4941	.4943	.4945	.4946	.4948	.4949	.4951	.4952
2.6	.4953	.4955	.4956	.4957	.4959	.4960	.4961	.4962	.4963	.4964
2.7	.4965	.4966	.4967	.4968	.4969	.4970	.4971	.4972	.4973	.4974
2.8	.4974	.4975	.4976	.4977	.4977	.4978	.4979	.4979	.4980	.4981
2.9	.4981	.4982	.4982	.4983	.4984	.4984	.4985	.4985	.4986	.4986

付　表

z	.00	.01	.02	.03	.04	.05	.06	.07	.08	.09
3.0	.4987	.4987	.4987	.4988	.4988	.4989	.4989	.4989	.4990	.4990

（出典）片瀬（2007）の付表Bをもとに作成したもの．

付表2 t 分布表：t 検定の主な限界値

A．両側検定　　　　　　B．片側検定

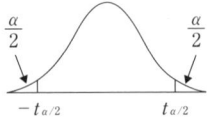

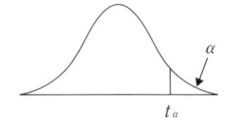

自由度	両側検定	0.20	0.10	0.05	0.02	0.010
	片側検定	0.10	0.05	0.025	0.01	0.005
1		3.078	6.314	12.706	31.821	63.657
2		1.886	2.920	4.303	6.965	9.925
3		1.638	2.353	3.182	4.541	5.841
4		1.533	2.132	2.776	3.747	4.604
5		1.476	2.015	2.571	3.365	4.032
6		1.440	1.943	2.447	3.143	3.707
7		1.415	1.895	2.365	2.998	3.499
8		1.397	1.860	2.306	2.896	3.355
9		1.383	1.833	2.262	2.821	3.250
10		1.372	1.812	2.228	2.764	3.169
11		1.363	1.796	2.201	2.718	3.106
12		1.356	1.782	2.179	2.681	3.055
13		1.350	1.771	2.160	2.650	3.012
14		1.345	1.761	2.145	2.624	2.977
15		1.341	1.753	2.131	2.602	2.947
16		1.337	1.746	2.120	2.583	2.921
17		1.333	1.740	2.110	2.567	2.898
18		1.330	1.734	2.101	2.552	2.878
19		1.328	1.729	2.093	2.539	2.861
20		1.325	1.725	2.086	2.528	2.845
21		1.323	1.721	2.080	2.518	2.831
22		1.321	1.717	2.074	2.508	2.819
23		1.319	1.714	2.069	2.500	2.807
24		1.318	1.711	2.064	2.492	2.797
25		1.316	1.708	2.060	2.485	2.787
26		1.315	1.706	2.056	2.479	2.779
27		1.314	1.703	2.052	2.473	2.771
28		1.313	1.701	2.048	2.467	2.763
29		1.311	1.699	2.045	2.462	2.756

付　表

自由度	両側検定	0.20	0.10	0.05	0.02	0.010
	片側検定	0.10	0.05	0.025	0.01	0.005
30		1.310	1.697	2.042	2.457	2.750
40		1.303	1.684	2.021	2.423	2.704
60		1.296	1.671	2.000	2.390	2.660
80		1.292	1.664	1.990	2.374	2.639
100		1.290	1.660	1.984	2.364	2.626
120		1.289	1.658	1.980	2.358	2.617
140		1.288	1.656	1.977	2.353	2.611
160		1.287	1.654	1.975	2.350	2.607
180		1.286	1.653	1.973	2.347	2.603
200		1.286	1.653	1.972	2.345	2.601
10000		1.282	1.645	1.960	2.327	2.576

（出典）片瀬（2007）の付表Cをもとに作成したもの．

付表3　カイ二乗分布表：カイ二乗検定の主な限界値

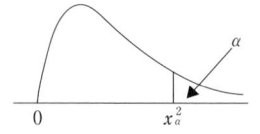

自由度 (df)	有意水準 (α)		
	0.10	0.05	0.01
1	2.706	3.841	6.635
2	4.605	5.991	9.210
3	6.251	7.815	11.345
4	7.779	9.488	13.277
5	9.236	11.070	15.086
6	10.645	12.592	16.812
7	12.017	14.067	18.475
8	13.362	15.507	20.090
9	14.684	16.919	21.666
10	15.987	18.307	23.209
11	17.275	19.675	24.725
12	18.549	21.026	26.217
13	19.812	22.362	27.688
14	21.064	23.685	29.141
15	22.307	24.996	30.578
16	23.542	26.296	32.000
17	24.769	27.587	33.409
18	25.989	28.869	34.805
19	27.204	30.144	36.191
20	28.412	31.410	37.566
21	29.615	32.671	38.932
22	30.813	33.924	40.289
23	32.007	35.172	41.638
24	33.196	36.415	42.980
25	34.382	37.652	44.314
26	35.563	38.885	45.642
27	36.741	40.113	46.963
28	37.916	41.337	48.278
29	39.087	42.557	49.588
30	40.256	43.773	50.892

付　表

自由度 (df)	有意水準(α)		
	0.10	0.05	0.01
35	46.059	49.802	57.342
40	51.805	55.758	63.691
45	57.505	61.656	69.957
50	63.167	67.505	76.154
60	74.397	79.082	88.379
70	85.527	90.531	100.425
80	96.578	101.879	112.329
90	107.565	113.145	124.116
100	118.498	124.342	135.807

（出典）片瀬（2007）の付表Aをもとに作成したもの．

参考文献

序章・第1章・第2章
今田高俊（編），2000，『社会学研究法・リアリティの捉え方』
佐藤健二・山田一成（編），2009，『社会調査論』八千代出版
原純輔・浅川達人，2009，『改訂版・社会調査』放送大学教育振興会
原純輔・海野道郎，2004，『社会調査演習［第2版］』東京大学出版会
山田一成，2010，『聞き方の技術——リサーチのための調査票作成ガイド』日本経済新聞出版社
Kahn, R. L. & Antonucci, T. C., 1980, Convoys over the life course ; Attachment, roles, and social support. *Life Span Developmentn and Behavior*, 13, pp. 253-286

第3章，第4章，第5章，第8章
青木繁伸，2009，『Rによる統計解析』オーム社
大谷信介・木下栄二・後藤範章・小松洋・永野武，2005，『社会調査へのアプローチ［第2版］——論理と方法』ミネルヴァ書房
片瀬一男（編），2007，『社会統計学』放送大学教育振興会
盛山和夫，2004，『統計学入門』放送大学教育振興会
玉野和志，2008，『実践社会調査入門——今すぐ調査を始めたい人へ』世界思想社
森岡清志（編），2007，『ガイドブック社会調査［第2版］』日本評論社
山田剛史・杉澤武俊・村井潤一郎，2008，『Rによるやさしい統計学』オーム社

第6章，第7章
大村平，2002，『改訂版・確率のはなし』日科技連
大村平，2002，『改訂版・統計のはなし』日科技連
畑村洋太郎，2004，『直観でわかる数学』岩波書店

畑村洋太郎，2005，『続・直観でわかる数学』岩波書店

第11章，終章
Wallace, W., 1971, *The Logic of Science in Sociology*, Aldine de Gruyter, New York

木下康仁，1999，『グラウンデッド・セオリー・アプローチ』弘文堂

木下康仁，2003，『グラウンデッド・セオリー・アプローチの実践——質的研究への誘い』弘文堂

ニコラス・A・クリスタキス，ジェイムズ・H・ファウラー（鬼澤忍訳），2010，『つながり——社会的ネットワークの驚くべき力』講談社

あとがき

　私の専門は社会学であり，なかでも都市社会学を専門としている．したがって，社会統計学を専門的に学んできた者でもなければ，専門的な研究者でもない．そんな私がなぜ，何を目的に本書を執筆したのか．その点について，この「あとがき」にてお伝えすることにしたい．

　私は，学部時代は広く社会学を学び，学部の卒業年次および大学院時代に都市社会学を本格的に学んだ．都市社会の社会・空間構造，都市社会に暮らす人びととの社会関係，コミュニティなどを描き出し，それらがなぜ，どのように変化しているのか，今後どのような変化を遂げていくと予想されるのか．それらを研究するのが，現在の私の仕事である．この仕事に必要不可欠であるため，社会調査の方法について勉強し，創意工夫を重ねてきた．また，社会調査を行い，得られたデータを解析していく過程で必要不可欠であるので，社会統計学について学んできた．社会調査の方法については，後述する通り，専門家に師事してきたが，社会統計学については，もっぱらひとりで学んできた．そして現在では，社会統計学のヘビーユーザーのひとりとなった．

　私がなぜ，「もっぱらひとりで」社会統計学について学ぶこととなったのか．それには2つの理由がある．専門家は，その専門的な知識に基づいて，網羅的かつ体系的に教えてくださる．確率論の基礎から，推定統計，統計的検定と，体系に基づいて教えてくれる．しかしながら，社会統計学のユーザーである自分が，現に今抱えている課題に，直接答えてくれる知識を提供してくれるわけではない．都市社会学の研究課題に答えるために，必要な社会統計学の知識を求めているユーザーに対して，「そう急くな．まずは確率論の基礎から聞きなさい」と諭したところで，素直に納得して

話を聞くことは難しいだろう．「基礎」が重要なことは，頭では理解できるものの，「基礎」なるものが，自分が抱えている課題を解く上で，どのように「基礎」となっているかを理解できないと，なかなか学習を開始することができないのである．専門家が提供する網羅的かつ体系的なテキストに対して，ユーザーが感じるはがゆさの原因のひとつはここにある．

また，専門家は専門的な知識をもっているがために，すっとわかってしまった，理解できてしまったことがらについて，それがわからない，理解できない人に対して噛み砕いて説明することは難しい．「噛み砕いた説明」など無くても理解できた人に対してそれを求めてみても，「何を」「どのように」噛み砕けばわかりやすくなるのか，その点をまず理解できないのだから．これが，専門家の説明が，専門家ではない一般のユーザーにとってわかりにくく感じてしまう理由のひとつである．これら2つの理由から，私は「もっぱらひとりで」社会統計学について学ぶこととなったのである．

そんな私が，大学で社会統計学の講義を担当することとなった．統計学の専門家でない私には，専門家としての講義はできない．であるなら，社会統計学のヘビーユーザーとして講義をするべきなのではないか．そう考えて，講義をするようになった．自分自身が理解できず苦労してきた点について，わかりやすく説明できるよう，創意工夫をこらすようになった．社会統計学の「基礎」を学ぶことが，社会学の研究を行う上で，なぜ必要なのか．その点をきちんと伝えるよう，努力するようになった．これまで，東海大学，放送大学，明治学院大学をはじめ多くの大学生や社会人のみなさんに講義を行ってきた経験に基づいて，みなさんがつまずき易い点に配慮することが，少しずつできるようになってきた（と思う）．それらの講義経験をベースにして『ひとりで学べる社会統計学』を執筆させていただいた．講義経験がベースとなっているために，黒板への板書のイメージで図表がたくさん掲載されることとなった．また，専門家が執筆する一般のテキストとも，教える順番が大きく異なっているという特徴をもつこととなった．

とはいえ，社会統計学に関する専門的なトレーニングを受けてこなかっ

あとがき

た者が執筆しているため，正確性に欠ける点も多々あるだろうと思われる．また，「わかりやすさ」を重視したため，細かな説明をばっさり省いた点もある．そのことにより，誤解を生じさせ易くなっている箇所もあるかもしれない．それらの点については，ご指摘いただければ幸甚である．

　私はこれまで，研究遂行上の必要に駆られて社会統計学について学んできたのであるが，その学びを起動してくださったのは，大学院生時代に師事させていただいた倉沢進先生であった．倉沢先生は，研究課題に合わせて用いるべき統計手法は取捨選択されるべきであり，自分が使える統計手法に限定されて研究課題を考えるようなことはしてはいけないと教えてくださった．この教えが，社会統計学についての私の学びを起動し，これまでの学びを牽引してくださった．記して感謝申し上げたい．また，学部時代に受けた園部雅久先生の社会調査の講義，大学院時代に受けた原純輔先生の重回帰分析に関する講義は，今の私の基礎となっている．この機会をかりて，深く感謝したい．このように多くの先生がたから細かく丁寧に教えていただいたにもかかわらず，本書に誤りがあったとするならば，それはひとえに筆者の不勉強のためである．

　また，本書を出版するにあたっては，ミネルヴァ書房の下村麻優子さんに，ひとかたならぬお骨折りをいただいた．統計学のテキストを単著として出版することを勧めてくださったのは下村さんであり，そのお申し出がなければ，本書は執筆されなかった．また，下村さんからの叱咤激励がなかったら，生来の怠け者である私に単著など執筆することはできなかったであろう．心より御礼を申し上げる次第である．

　この書を，いつも笑顔で迎えてくれる二人の子どもたちと，大学院生時代から私を支え続けてくれている連れ合いに捧げる．

2011年2月

浅 川 達 人

索　引

あ　行

R　106, 126, 131
R 2乗値（R² 値：決定係数）　126, 131
値の再割当　145
Exp（B）　133
イータ　130
異常値　31
1 サンプルの χ² 検定　114
1 サンプルの t 検定　118
因果関係　54
SPSS　106, 113
$\bar{x}$　67
MCA　130
エリアサンプリング　24
オッズ比　133

か　行

回帰式　126
回収率　18, 114
カイ二乗値（χ² 値）　59, 107
カイ二乗分布表　107
科学的な研究　137
確率　75, 76
確率比例抽出法　26
仮説　140
カテゴリ共変量　132
加法定理　77
間隔・比率尺度　37, 63, 113
観察　137, 144
観測度数　115
危険率　107, 125
期待度数　57, 115
帰無仮説　47, 48, 57, 58, 72, 102, 104, 108, 124, 140, 152
共分散　69
共変動　67
共変量　128, 132
グラウンデッド・セオリー・アプローチ　141
計画標本　17, 18, 114
経験的一般化　137, 144
系統抽出法　24
検定統計量　47, 49, 58, 72, 83, 105-108, 124
交互作用項　130
考察　146
合成変数　145
公理　139
高齢期　16
国勢調査　15
誤差　6
固有名詞　138
コンボイ・モデル　4

さ　行

最頻値　33, 38, 83
座標平面　63
散布図　63, 66, 109
サンプリング　152
悉皆調査　15
実現度数　56
実証　139
質的データ　7
社会科学　18
社会関係　4, 16
社会調査　6, 151
社会統計学　6, 9
重回帰分析　124
重相関係数　126
従属変数　53, 116, 143

167

順序尺度　38, 113, 116
乗法定理　77
シンタックス　128
数理モデル　7
数量データ　7
正規分布　45, 82, 91, 113
正の相関　63, 66
先行研究　139
層化抽出法　26
相関関係の強弱　109
相関係数　66, 108
相補定理　76

　　　　　　　た 行

大数の法則　75
大都市　16
対立仮説　140, 142
多群の平均値と比較　130
多段抽出法　25
多変量解析　113, 123
知能指数　85
中央値　32, 38, 83
抽出確率　21
抽象度　138
中心傾向の測度　31, 36, 38, 49
調査員　16
調査母集団　17, 18, 114, 141
ちらばりの測度　33, 36, 49
強い相関関係　66
t　72
t 分布　96, 101
t 分布表　103, 105
定理　139
電話調査（RDD 法）　22
統計解析ソフト　8, 106
統計的検定　19, 46, 83, 102, 114, 140, 141, 146, 152
統計的推測　18
統計的推定　19, 89

独立　57
独立事象　77
独立性の検定　55, 58, 113
独立変数　53, 143
独立変数と従属変数の共変　55
独立変数の先行　54

　　　　　　　な 行

2群の平均値の差の検定（t 検定）　104, 113
二項分布　80
2値データ　131
農村　16
ノンパラメトリック検定　113, 119

　　　　　　　は 行

排反事象　77
外れ値　31
パラメトリック検定　113, 118
範囲　33
判断の方法　48
ピアソンの積率相関係数　69
p 値　106-108, 115, 152
非標準化偏回帰係数（B）　126
標準化偏回帰係数（ベータ：β）　126
標準誤差　94, 96
標準正規分布　95
標準偏差　36, 83, 91
標本　19
標本抽出　17, 21, 45, 145
標本調査　15, 141, 151
標本標準偏差　95, 101
標本平均　45, 93, 95, 101
複数の独立サンプルの検定（クラスカル・ウォリスの検定）　116
負の相関　63, 66
不偏推定　89
分散　35
分散共分散分析　127

分散分析　113
分数の掛け算　78
平均値　31, 36, 38, 83
平均値の差の検定　48
偏差値　84
母集団　19, 21
母標準偏差　89, 95, 96
母平均　45, 89, 91, 93, 95, 101

　　　　　　ま　行

無作為抽出法　21
無相関　65, 66, 109
無相関検定　108
名義尺度　37, 38, 113
目標母集団　16, 18, 142

　　　　　　や　行

有意確率　124

有意水準　106, 109
有効標本　17, 18, 114
予測　124, 126, 139
予測平均　130
弱い紐帯　4, 140
弱い相関関係　66

　　　　　ら・わ　行

両側検定　106
理論　139
理論的飽和　141
臨界値　103, 105, 107
論理的推論　142
$\bar{y}$　67
割当抽出法　22

《著者紹介》

浅川　達人（あさかわ・たつと）

1965年　長野県に生まれる．
1990年　上智大学文学部社会学科卒業．
1996年　東京都立大学大学院社会科学研究科博士課程単位取得退学．
　　　　東海大学健康科学部講師，同助教授，放送大学助教授を経て，
現　在　明治学院大学社会学部教授．
主　著
『新編　東京圏の社会地図1975-90』（共編著）東京大学出版会，2004年．
『看護・福祉・医学統計学──SPSS入門から研究まで』（共著）福村出版，2007年．
『東京大都市圏の空間形成とコミュニティ』（共編著）古今書院，2009年．
『改訂版　社会調査』（共著）放送大学教育振興会，2009年．
『現代都市とコミュニティ』（共著）放送大学教育振興会，2010年．

ひとりで学べる社会統計学

2011年4月25日　初版第1刷発行　　〈検印省略〉
2014年12月20日　初版第3刷発行
　　　　　　　　　　　　　　　　定価はカバーに
　　　　　　　　　　　　　　　　表示しています

著　者　浅　川　達　人
発行者　杉　田　啓　三
印刷者　林　　初　彦

発行所　株式会社　ミネルヴァ書房
607-8494　京都市山科区日ノ岡堤谷町1
　　　　　電話代表（075）581-5191
　　　　　振替口座　01020-0-8076

Ⓒ 浅川達人，2011　　　　太洋社・清水製本

ISBN978-4-623-06005-4
Printed in Japan

天野　徹 著
社会統計学へのアプローチ　　　　　　　　　本体 2600 円
　　──思想と方法──

大谷信介・木下栄二・後藤範章・小松　洋 編著
新・社会調査へのアプローチ　　　　　　　本体 2500 円
　　──論理と方法──

川端　亮 編著
データアーカイブSRDQで学ぶ　社会調査の計量分析　本体 2800 円

谷　富夫・芦田徹郎 編
よくわかる質的社会調査　技法編　　　　　本体 2500 円

S.B. メリアム 著
堀　薫夫・久保真人・成島美弥 訳
質的調査法入門　　　　　　　　　　　　　本体 4200 円
　　──教育における調査法とケース・スタディ──

S.B. メリアム／E.L. シンプソン 著
堀　薫夫 監訳
調査研究法ガイドブック　　　　　　　　　本体 3500 円
　　──教育における調査のデザインと実施・報告──

宇都宮京子 編
よくわかる社会学 ［第2版］　　　　　　　本体 2400 円

N. アバークロンビー／S. ヒル／B.S. ターナー 著
丸山哲央 監訳・編集
新版 新しい世紀の社会学中辞典　　　　　　本体 2800 円

──────── ミネルヴァ書房 ────────
http://www.minervashobo.co.jp/